Tucholsky Wagner Zola Scott Sydow Freud Schlegel
Turgenev Wallace Fonatne
Twain Walther von der Vogelweide Fouqué Friedrich II. von Preußen
Weber Freiligrath
Kant Ernst Frey
Fechner Fichte Weiße Rose von Fallersleben Richthofen Frommel
Hölderlin
Engels Fielding Eichendorff Tacitus Dumas
Fehrs Faber Flaubert
Eliasberg Ebner Eschenbach
Maximilian I. von Habsburg Fock Zweig
Feuerbach Eliot Vergil
Ewald
Goethe Elisabeth von Österreich London
Mendelssohn Balzac Shakespeare Dostojewski Ganghofer
Lichtenberg Rathenau Doyle Gjellerup
Trackl Stevenson Hambruch
Mommsen Tolstoi Lenz Droste-Hülshoff
Thoma Hanrieder
von Arnim Hägele Hauff Humboldt
Dach Verne
Reuter Rousseau Hagen Hauptmann Gautier
Karrillon Garschin
Defoe Baudelaire
Damaschke Hebbel
Descartes
Hegel Kussmaul Herder
Wolfram von Eschenbach Dickens Schopenhauer
Darwin Grimm Jerome Rilke George
Bronner Melville
Campe Horváth Aristoteles Bebel Proust
Voltaire Federer
Bismarck Vigny Barlach Herodot
Gengenbach Heine
Storm Casanova Tersteegen Grillparzer Georgy
Chamberlain Lessing Langbein Gilm
Gryphius
Brentano Lafontaine
Strachwitz Claudius Schiller Kralik Iffland Sokrates
Katharina II. von Rußland Bellamy Schilling
Gerstäcker Raabe Gibbon Tschechow
Löns Hesse Hoffmann Gogol Wilde Vulpius
Gleim
Luther Heym Hofmannsthal Morgenstern
Roth Klee Hölty Goedicke
Heyse Klopstock Kleist
Luxemburg Puschkin Homer Mörike
La Roche Horaz Musil
Machiavelli
Kierkegaard Kraft Kraus
Navarra Aurel Musset
Lamprecht Kind Moltke
Nestroy Marie de France Kirchhoff Hugo
Laotse Ipsen Liebknecht
Nietzsche Nansen
Marx Ringelnatz
Lassalle Gorki Klett
von Ossietzky Leibniz
May vom Stein Lawrence Irving
Petalozzi Knigge
Platon Pückler Michelangelo Kafka
Sachs Poe Kock
Liebermann
de Sade Praetorius Mistral Zetkin Korolenko

La maison d'édition tredition, basée à Hambourg, a publié dans la série **TREDITION CLASSICS** des ouvrages anciens de plus de deux millénaires. Ils étaient pour la plupart épuisés ou uniquement disponible chez les bouquinistes.

La série est destinée à préserver la littérature et à promouvoir la culture. Elle contribue ainsi au fait que plusieurs milliers d'œuvres ne tombent plus dans l'oubli.

La figure symbolique de la série **TREDITION CLASSICS**, est Johannes Gutenberg (1400 - 1468), imprimeur et inventeur de caractères métalliques mobiles et de la presse d'impression.

Avec sa série **TREDITION CLASSICS**, tredition à comme but de mettre à disposition des milliers de classiques de la littérature mondiale dans différentes langues et de les diffuser dans le monde entier. Toutes les œuvres de cette série sont chacune disponibles en format de poche et en édition relié. Pour plus d'informations sur cette série unique de livres et sur l'éditeur tredition, visitez notre site: www.tredition.com

tredition a été créé en 2006 par Sandra Latusseck et Soenke Schulz. Basé à Hambourg, en Allemagne, tredition offre des solutions d'édition aux auteurs ainsi qu'aux maisons d'édition, en combinant à la fois édition et distribution du contenu du livre en imprimé et numérique et ce dans le monde entier. tredition est idéalement positionnée pour permettre aux auteurs et maisons d'édition de créer des livres dans leurs propres domaines et sujets sans prendre de risques de fabrication conventionnelles.

Pour plus d'informations nous vous invitons à visiter notre site: www.tredition.com

Une politique européenne : la France, la Russie, l'Allemagne et la guerre au Transvaal

Etienne Grosclaude

Mentions légales

Cette œuvre fait partie de la série TREDITION CLASSICS.

Auteur: Etienne Grosclaude
Conception de couverture: toepferschumann, Berlin (Allemagne)

Editeur: tredition GmbH, Hambourg (Allemagne)
ISBN: 978-3-8491-2557-8

www.tredition.com
www.tredition.de

L'objectif de TREDITIONS CLASSICS est de mettre à nouveau à disposition des milliers d'œuvres de classiques français, allemands et d'autres langues disponible dans un format livre. Les œuvres ont été scannés et digitalisés. Malgré tous les soins apportés, des erreurs ne peuvent pas être complètement exclues. Nos partenaires et nous même, tredition, essayons d'aboutir aux meilleurs résultats. Toutefois, si des fautes subsistent, nous vous prions de nous en excuser. L'orthographe de l'œuvre originale a été reprise sans modification. Il se peut que ce dernier diffère de l'orthographe utilisée aujourd'hui.

ÉTIENNE GROSCLAUDE

UNE POLITIQUE EUROPÉENNE
La France, la Russie, l'Allemagne et
LA GUERRE AU TRANSVAAL

L'Afrique du Sud sera le
tombeau de l'Angleterre.

BISMARCK.

«Prodigieuse contrée, cette Afrique du Sud! on y convertit nos évêques, on y bat nos généraux et on y résout nos questions européennes!»

Cette tragique boutade, inspirée à un homme d'État anglais par la mort inutilement glorieuse du Prince impérial au Zoulouland, pourrait bien rencontrer une application nouvelle dans les événements qui se déroulent en ce moment autour du Transvaal.

Peut-être ne se trouve-t-il plus de missionnaires évangélistes accessibles à la belle simplicité des religions primitives comme le fut l'évêque Colenso, mais il y a encore des généraux anglais à battre dans l'Afrique du Sud, et de graves problèmes européens se dressent attendant une solution qu'il ne serait pas surprenant de voir arriver de si loin.

La patience de l'Europe finira quelque jour par se trouver à bout; ce jour approche; enfin lasse de supporter les provocations outrageantes de l'Angleterre et ses dommageables empiétements, cette Europe va-t-elle sauter sur l'occasion inespérée de liquider en bloc un compte débiteur journellement grossi par les acquisitions de l'Impérialisme qui s'étale à la surface du globe sans trouver devant lui la moindre opposition de fait. Des mots, des mots, pas un geste, or si quelque chose pouvait arrêter cette marche foudroyante, ce n'était ni les jérémiades d'une diplomatie dont le style, dès longtemps exercé à la fuite, excelle à trouver les détours par lesquels on échappe aux responsabilités de l'action,—ni les télégrammes à sensation d'un bouillant Kaiser, momentanément oublieux des égards qui sont dus à une vieille grand'mère... quelle que soit sa condition sociale.

Le réveil de l'Europe, à l'heure où nous voici, n'aurait assurément rien de prématuré, mais la condition physiologique la plus nécessaire pour se réveiller, c'est de ne pas être mort. Il faudrait donc au préalable s'assurer si dame Europe est défunte, ou si elle est seulement assoupie.

L'Europe existe-t-elle encore autrement que sur la carte? sur la carte où l'on voit juxtaposées des nations, dont les deux plus considérables sont séparées par un abîme de ressentiments que rien ne saurait combler,—rien, hélas! de ce qu'il est permis d'attendre d'un consentement pacifique. Au centre: un groupement compact de nationalités dont la cohésion peut être subitement anéantie par la disparition d'une dynastie; sur les côtés: deux grands peuples qu'unissent à travers l'espace des liens dont la solidité n'a pas encore été soumise au contrôle d'une épreuve décisive.

Aveuglée par le tourbillon des craintes et des espérances particularistes, l'agglomération européenne n'a point une vision suffisamment dégagée pour discerner au dehors le péril qui la menace dans son ensemble et pour reconnaître l'intérêt qu'il conviendrait de soutenir en commun. Il est toutefois incontestable que, depuis un certain temps, les deux groupes antagonistes, obéissant l'un et l'autre au seul instinct de la conservation, portent parallèlement leurs efforts vers un unique objectif, qui est la paix de l'Europe; ce n'est un secret pour personne que, dès son origine, la Triplice eut un caractère exclusivement défensif, prévoyante entreprise de cimentation du bloc improvisé dans l'Europe centrale et longtemps exposé à un retour offensif de ceux à qui l'on en avait arraché la dernière pierre.

Or, en dépit de toute vraisemblance et peut-être aussi de toute logique, les angoisses, qui, durant une vingtaine d'années, troublèrent le sommeil des conquérants, se sont apaisées à mesure que se trouvaient déçus les ardents espoirs de la nation mutilée qui, depuis le désastre, n'a pas eu un gouvernement capable de lui commander le devoir et de lui imposer la confiance. On a laissé le temps faire son oeuvre et une sorte de prescription s'établir, bien qu'il n'en soit aucune d'admissible pour certains forfaits de l'histoire. Henri Heine reprochait à ses compatriotes de n'avoir pas encore, à l'heure où il écrivait, pris leur parti du meurtre de Conradin de Hohenstaufen par Charles d'Anjou; cette critique était le plus bel éloge qu'on pût faire d'une race qui ne s'expliquera jamais comment certains peuples se dépouillent en quelques années des souvenirs que les autres conservent à travers les siècles.

Les causes de cette désaffection publique sont-elles dans la légèreté de l'esprit français? dans un abaissement des caractères déprimés par la plus stupéfiante humiliation nationale? dans une démoralisation consécutive à l'accroissement et à la vulgarisation du bien-être matériel, qui rétrécit les idées au calibre des petits intérêts immédiats? dans le cosmopolitisme financier, qui subordonne les principes aux effets et les sentiments aux profits palpables? Peut-être faudrait il les rechercher surtout dans deux ordres de phénomènes dont l'un est néfaste et gros de menaces, tandis que l'autre, en compensation, nous ouvre un avenir plein de promesses et soutient les plus radieuses en même temps que les plus solides espérances de la patrie française: à notre passif, le découragement où ce pays est enfoncé chaque jour davantage par le pessimisme d'une presse acharnée à ne fouiller que le mal, à n'étaler que les plaies, à ne publier que les hideurs d'une nation dont la santé n'a jamais été plus exubérante, dont la fécondité au bien et la faculté du beau ne font doute que pour elle-même, et dont la principale cause de faiblesse est dans ce régime énervant qui la réduirait bien vite à une hypocondrie plus désastreuse que ne le seraient de véritables infirmités.

Pour ce qui est de notre actif, avec quelle encourageante satisfaction on y inscrit le prodigieux mouvement d'une expansion coloniale, qui, depuis vingt ans, a suscité tant d'admirables énergies, secoué la torpeur des énergies industrielles et commerciales, ranimé l'esprit d'entreprise somnolent depuis un siècle, fait réapparaître l'initiative individuelle dont l'effacement nous menaçait d'une décadence irrémédiable, et ouvert à l'activité, par conséquent à la prospérité nationale, un vaste empire dont le spectacle doit suffire à nous rendre le sentiment indispensable de notre force et de notre valeur!

Voilà ce que nous a donné notre politique coloniale; il est vrai que nous n'avons pas été seuls à en bénéficier et qu'elle a valu la paix à l'Europe. On lui en a fait un crime.

Le grief était-il fondé?

Il l'était sans aucun doute, si l'on a lieu de croire que, sans l'oeuvre absorbante qui nous a successivement occupés en Tunisie, au Tonkin, au Soudan et à Madagascar, nous nous fussions trouvés dans les conditions morales et matérielles indispensables pour assurer la réparation des catastrophes de 1870 et la reprise de l'Alsace-Lorraine.

Si, au contraire, en imaginant que ne se fût pas développée cette grandiose épopée coloniale, qui, sans détourner une proportion excessive de nos forces continentales, nous a valu une immense extension territoriale et un indéniable relèvement de notre situation morale, de notre crédit européen, de notre «standing», comme disent les Anglais; si l'on est amené par l'examen de cette hypothèse à la conclusion qu'en l'absence de toute cette activité au dehors, nous n'aurions pas davantage tiré parti en Europe de notre liberté d'action,—faute de pouvoir compter sur l'état d'esprit indispensable pour mener à bien la plus formidable entreprise militaire des temps modernes,—et que tout se serait borné à en parler davantage et à y penser plus longtemps, mais sans rien faire de plus; alors il faut proclamer que notre politique coloniale a été un grand bienfait pour la France en même temps que pour le reste de l'univers,—à l'exception de l'empire britannique,—et que Jules Ferry fut un des hommes d'État les plus avisés de notre époque.

En dépit des efforts constants de l'Angleterre souveraine de toutes les eaux, et qui navigue avec une supériorité particulière dans l'eau trouble,—la situation de l'Europe s'est visiblement clarifiée depuis quelques années; non seulement il apparaît qu'une unité d'action momentanée y serait possible dans des cas déterminés, mais il semble même qu'elle serait facilitée par le groupement actuel des forces opposées en deux faisceaux, que rien n'empêcherait de diriger à un moment donné dans le même sens, quitte à les laisser reprendre, l'instant d'après, leur orientation habituelle. Cette synergie occasionnelle, il ne faut pas l'oublier, s'est déjà manifestée dans les affaires de Chine, où la France et la Russie, d'accord sur ce point, et sur ce point seulement, avec l'Allemagne, ont «syndiqué» leurs intérêts en face de l'Angleterre.

C'est à dessein que j'emprunte au langage des gens d'affaires ce terme significatif, puisque aussi bien toutes les grandes nations out reconnu l'avantage d'emprunter à l'impérialisme britannique sa politique de «business», au moment où se débattent en Asie et en Afrique les intérêts matériels les plus considérables et où sir Charles Beresford, au retour de son importante mission en Extrême-Orient, s'intitule avec une apparente modestie «le commis-voyageur» de la Grande-Bretagne.

Les nations européennes semblent être parvenues à ce point de développement où l'individu, sentant se ralentir sa facilités de produire, met à profit sa vieille expérience pour tirer parti du travail d'autrui; c'est pour cela que, sur toute la surface du globe, se débat présentement la compétition la plus âpre qui ait jamais mis des gens d'affaires aux prises: le partage des contrées de production entre les vieux pays, dont l'activité doit se borner désormais à une exploitation lucrative.

Le procédé syndicataire est plus indiqué que tout autre pour une opération de cette nature; il présente notamment l'avantage d'unir les intérêts sans lier les parties, qui conservent toute leur liberté d'action en dehors de l'objet spécial pour lequel est constitué le syndicat. Il n'a pas les exigences étroites de l'association, ni ses promiscuités; on a des intérêts communs, mais cela n'engage à rien pour les relations personnelles, et les porteurs de parts ne sont aucunement tenus de se saluer quand ils se rencontrent.

C'est un avantage à considérer lorsqu'il s'agit d'un règlement de comptes comme celui que l'Europe peut avoir à effectuer d'un moment à l'autre, et qui serait singulièrement facilité par une association temporaire, dans laquelle seraient totalisés les crédits individuels des divers participants sans qu'il en résultât pour eux l'obligation de se faire des politesses.

Laissant de côté pour quelques heures les ressentiments ineffaçables et réservant tous leurs droits sur le grave litige élevé entre elles il y a trente ans, la France et l'Allemagne peuvent-elles décemment entrer dans un syndicat de ce genre, en vue de sauvegarder des intérêts communs qu'il leur est impossible de soutenir isolément et dont la réalisation se trouverait compromise par de plus amples délais?

Telle est la question. Pour la résoudre, le premier point à examiner, c'est si leurs intérêts dans cette affaire sont d'un poids suffisant pour contrebalancer le dommage sentimental que nous infligerait un tel rapprochement? Est-il avéré que l'expansion britannique constitue pour le genre humain un péril, dont nous aurons à supporter le premier choc, et si pressant qu'il nous faille imposer silence momentanément à notre profonde rancune pour marcher à côté de l'ennemi d'hier, et peut-être de demain, contre l'ennemi de toujours?

Les intérêts de cet associé de circonstance sont-ils, d'autre part, assez puissants pour le déterminer à une communauté de raison, —

non du sentiment,—sans aucune garantie de notre part contre les revendications qui nous tiennent au coeur?

Ce syndicat, dont la gestion serait, je suppose, confiée tout d'abord à la Russie, en vue de réduire les froissements au minimum, disposerait-il de moyens assez puissants pour trancher au profit commun le grand partage mondial, on mettant l'adversaire dans l'impossibilité de se tailler la part du lion britannique, et assez continus pour assurer à chacun la jouissance pacifique des possessions équitablement réparties?

Quels seront ses moyens d'action? Sur quels points devront-ils agir? et dans quelle forme? Sera-ce, comme il est désirable, dans un débat correct autour d'un tapis vert, sans qu'on en soit réduit à descendre sur le pré, et fera-t-on enfin cesser le bruit assourdissant des coups de canon de l'Afrique du Sud pour permettre aux intéressés européens d'échanger des observations dans ces formes courtoises que sont toujours enclins à observer entre eux des hommes armés jusqu'aux dents? Voilà de formidables problèmes qu'il serait urgent de résoudre et qu'il est intéressant d'examiner en parvenant à ce carrefour historique, devant lequel sont en passe d'hésiter indéfiniment nos diplomates de bureau, comparables à Hercule seulement par une indécision qui, en se prolongeant davantage, les assimilerait plus justement au quadrupède philosophique de Buridan.

I

Une caricature, dont la légende est passée en proverbe, constate que, du temps de Gavarni, les Anglais se considéraient déjà comme chez eux partout où l'eau était salée; ils ont depuis cette époque pris goût à l'eau douce et, après avoir planté leur pavillon le long de toutes les côtes hospitalières et sur toutes les îles en bonne place, ils se sont mis à remonter les fleuves, accaparant les grandes vallées l'une après l'autre, portant leur effort principal en Chine, sur le Yang-Tsé-Kiang, le Ménam et le Mékong, et en Afrique, sur le Nil et le Niger, tout en empiétant le plus possible sur le Zambèse et en recherchant toutes les occasions de s'immiscer dans le Congo. On va jusqu'à prétendre que leur influence remonte tel fleuve d'Europe jusqu'au niveau du quai d'Orsay; qu'elle atteint même, depuis quelques mois, sur la rive opposée jusqu'au Pavillon de Flore.

Pour parler statistiquement, l'empire britannique couvre aujourd'hui plus d'un sixième de la terre habitée. L'expansion phagédénique de son impérialisme dévorera tout le reste, s'il ne lui est opposé une médication radicale et prompte.

Enfantée par Cromwell et conçue dans l'Acte de navigation, — alimentée par les fautes de Louis XIV, provoquant les nations à des guerres inutiles, où la France et la Hollande s'épuisèrent l'une contre l'autre au seul profit de leur rivale, — grandie en s'incorporant la substance de nos grandes entreprises coloniales qu'abandonnaient aux Indes et au Canada les politiciens de l'intérieur, la puissance maritime de l'Angleterre a pris toute sa force au moment même où Napoléon lui fut livré par l'Europe, qui perdait ce jour-là son dernier défenseur.

Elle s'étale depuis lors dans un embonpoint, qui revêt, sous la poussée de l'Impérialisme, un inquiétant aspect de turgescence. Voici déjà qu'apparaissent à fleur de peau les symptômes d'une couperose que l'esthétique réprouve et que l'hygiène ne saurait tolérer: pénibles démangeaisons du côté des Indes, où l'anémie voisine à la pléthore, fendillement du Canada, tuméfaction de l'Australie par l'effet de cette chaleur du sang qui fait éclater les vaisseaux de l'Afrique du Sud. Cette efflorescence est due aux capiteuses doctrines, dont les premières gouttes furent distillées par lord Beaconsfield et que M. Chamberlain répand à flots depuis quelques années; c'est à lui qu'il faut s'en prendre si la nation anglaise, à l'exception de quelques têtes solides, est enivrée par le suc fermenté de l'herbe guerrière qui lui a fait perdre la notion des réalités on même temps que le sentiment des devoirs. Quand et comment cela va-t-il finir? Il n'y a rien de tel pour dégriser les gens ivres que de voir couler leur sang. C'est le douloureux spectacle offert en ce moment à la nation anglaise. Elle s'en trouvera bien; l'avertissement et la saignée seront profitables à sa nature apoplectique, congestionnée chaque jour davantage par la satisfaction abusive d'un «besoin de prendre» que ne limite plus aucune considération de respect humain.

Il faut souhaiter pour l'Angleterre et pour le genre humain que cette intoxication ne se prolonge pas et que la cervelle britannique soit bientôt débarrassée des manifestations délirantes de ce «jingoïsme» qui met à l'unisson avec les élucubrations des chansonnettistes de café-concert les inspirations d'un admirable écrivain comme Rudyard Kipling et les vers du poète lauréat qu'est M. Alfred Austin: la «Chevauchée de Jameson», la rengaine patriotique d'Hamilton, dont le refrain «Bas les pattes, Allemagne!» fit fureur au lendemain du télégramme de Guillaume II, l'hymne en vogue à l'Alhambra, et la dernière pensée de l'auteur du *Jungle Book*, tout cela se ressemble et s'assemble, et se confond dans une déconcertante fraternité des genres littéraires: Shakespeare lui-même se trouve emmené de gré ou de force dans la cohue impérialiste, à la représentation de *King John*, où, sous les yeux de M. Chamberlain, un public en folie salue d'applaudissements frénétiques ou de furieux grognements les passages dans lesquels il trouve place à des allusions aux choses du présent. «Ainsi, quand on a entendu ces vers:

Stand back, lord Salisbury, stand back, I say!

By heaven! I think my sword as sharp as yours?

(Arrière, Salisbury, arrière, te dis-je!

Par Dieu, mon épée n'est-elle pas aussi tranchante que la tienne?)

on a fortement grogné», nous dit le correspondant d'un grand journal parisien.

Cette citation est utile, en ce qu'elle fait comprendre l'attitude du Salisbury contemporain aux observateurs superficiels que trouble la désinvolture avec laquelle un homme d'État de ce sang-froid et de cette tenue s'est laissé gagner à la main par le fougueux attelage qu'on le croyait de force à maintenir. On s'explique parfaitement qu'emporté dans ce galop infernal, sur la pente d'une inclination de l'opinion publique aussi accentuée, un homme de l'âge du marquis de Salisbury ne se soit pas senti assez vigoureux pour bouter en douceur le char de l'État contre la borne d'un véto souverain, ni assez ingambe pour sauter à terre, et qu'il ait rendu la main. Au bout du fossé l'on verra si ce fut de la prudence.

Il est également, vraisemblable que M. Chamberlain lui-même a été entraîné par ce mouvement populaire fort au delà du but qu'il cherchait à atteindre, et avec une vitesse dont il n'est pas sans éprouver les inconvénients. C'est un destin auquel se trouvent constamment exposés les agitateurs publics.

«Il y a des hommes que la popularité devance, presque sans qu'ils l'aient cherchée, que l'opinion prend par la main, pour ainsi dire, auxquels elle commande des crimes en vue d'un programme qu'elle leur impose... Le criminel en pareil cas, c'est la foule, vraie lady Macbeth, qui, dès qu'elle a choisi son favori, l'enivre de ce mot magique: Tu seras roi!

Dans quelle mesure ces lignes de Renan s'appliquent-elles à M. Chamberlain et quelle est la part du dessein conscient dans le génie malfaisant de ce politicien qu'une ambition implacable a élevé progressivement de la manufacture des souliers à la fabrication des écrous, et du collège électoral de Birmingham jusqu'à la plus haute situation politique du Royaume-Uni,—qui est peut-être à la veille de trouver en lui son Crispi?

C'est une question qu'il serait intéressant de poser, par exemple, à M. Stead, l'ancien Directeur du *Pall Mail Gazette*, l'éditeur actuel de la *Review of Reviews*, qui a sondé les arcanes psychologiques du héros de l'impérialisme et en a rapporté dans sa retentissante brochure: *Avons-nous une raison?* de singulières révélations sur la mobilité d'un esprit politique qualifiant jadis de «scandaleuse immoralité» une campagne que son entrée au Colonial Office auréola subitement de toute la sainteté d'une moderne croisade,—sur la complicité financière de ce politique dans la flibusterie Rhodes-Jameson et sur la collusion avec les coupables du juge-enquêteur apposant sa signature au bas d'un rapport mensonger; on pourrait aussi, comme l'a fait M. Pierre Mille du *Temps*, s'enquérir là-dessus auprès de l'éditeur du *Manchester Guardian* ou auprès de M. Wilson, qui a nettement dévoilé les spéculations fantastiques dont s'échauffe le patriotisme des promoteurs de l'expédition sud-africaine, fanatiques défenseurs des *Uitlanders*, ces intéressants millionnaires, dont la «lande natale» est le parquet de la Bourse, comme le dit, dans le

Truth, M. Labouchère, qui paraît être, lui aussi, fort bien renseigné sur l'homme du jour, sur sa participation personnelle aux petites et aux grandes *affaires* du Transvaal et de la Chartered, aussi bien qu'aux opérations fructueusement liquidées, grâce à lui, par la Compagnie Royale du Niger.

Voici l'horoscope que M. Labouchère tirait, il y a quelques mois, sur ce grand entrepreneur de spéculation à main armée:

> Si lord Salisbury ne surveille pas avec soin son secrétaire d'État, nous nous trouverons engagés dans une guerre, au Sud-Africain, et non avec le seul Transvaal,—guerre dans laquelle les sympathies de la majorité des habitants du Cap seront tournées vers nos adversaires,—guerre qui n'aura d'autre but que de satisfaire la rancune de M. Chamberlain contre le président Krüger.
>
> M. Chamberlain n'est pas un homme d'État. Hors du pouvoir, ses projets apparaissent et disparaissent comme les averses d'avril. Une, fois au pouvoir, son grand but est de mettre ses collègues dans l'embarras. Si on l'avait laissé faire, nous aurions eu la guerre avec la Russie, la France, les États-Unis et l'Allemagne... Dans ma conviction, M. Chamberlain est le plus dangereux ministre impérial qui ait jamais dirigé le département des Colonies. Si lord Salisbury n'avait pas énergiquement retenu M. Chamberlain, nos colonies en arriveraient bientôt à abhorrer le lien qui les attache à nous, et l'avidité pour les annexions africaines nous aurait déjà jetés dans un conflit avec une ou plusieurs puissances européennes.»

Cette page prophétique marque une des escarmouches de la guerre de broussailles qui se poursuit au jour le jour entre le lyrisme brutal de Kipling, d'Austin et des pourvoyeurs de *music halls*, enrôlés avec eux sous la bannière de l'Impérialisme, et l'humour acéré du vieil esprit critique anglais, dont le directeur du *Truth* est le protagoniste le plus brillant et le plus redouté.

Sa causticité ronge le foie des puritains d'État qui out engagé l'honneur de l'Angleterre dans une guerre effroyable, dont le principe est ce qu'il appelle en argot de bourse un «slump in Kafftirs» — un coup sur les Cafres, — et dont le but humanitaire est de secourir contre les sataniques fermiers boers ces petits agneaux de financiers des mines d'or, «les ilotes du Rand» comme les appelle sir Alfred Milner. Il est vrai que cette qualification avait été utilisée, trois ans auparavant par M. Léonard, l'audacieux mais fugitif entrepreneur de la révolution de Johannesburg, ce soulèvement imprévu des misères capitalistes, qui a inspiré à M. Cecil Rhodes devant la commission d'enquête parlementaire ce mot d'une profondeur vertigineuse: «J'ai fourni des fonds pour la révolution de Johannesburg, mais pas tous; ce n'est pas mon affaire de dire qui a fourni le reste. C'était, je le reconnais, une révolution subventionnée, comme toutes les révolutions!»

Cet aveu du dictateur de l'Impérialisme sud-africain en dit plus que tous les sarcasmes de ses adversaires sur une politique dont on trouverait la clé dans une citation de l'économiste Nébénius: «La guerre est le temps de moisson des capitalistes.» écrit-il dans ses *Considérations sur la situation économique, de la Grande-Bretagne.*

Voilà sans doute pourquoi la sanglante expédition engagée contre le Transvaal soulève l'enthousiasme de la bourgeoisie anglaise, composée de *businessmen*, dont M. Chamberlain est le type le plus accompli; voilà pourquoi, d'autre part, elle a fait retentir jusque dans l'enceinte du Parlement la protestation discrète et résignée de lord Kimberley et de sir Campbell Bannerman, la réprobation formelle de sir William Harcourt et l'indignation de John Morley, que toute l'Angleterre appelait *honest John* quand elle n'avait pas encore perdu la notion de l'honnêteté.

M. Chamberlain est l'ennemi personnel du genre humain, mais sa combativité s'est revêtue d'une armure de prudence en Extrême-Orient, où il a trouvé à qui parler: inquiétants partenaires auprès desquels il fallait être le convive «à la longue cuiller», adversaires plus redoutables encore, en face desquels on devrait sortir des armes d'une taille proportionnée à la cuiller en question. Là, tout s'est borné de sa part à quelques écarts de langage, à des provocations purement verbales pour amuser la galerie.

C'est ainsi qu'il fut amené à tourner ses batteries sur l'Afrique, où ne se trouvait devant lui qu'un compétiteur en pleine croissance territoriale mais moralement amoindri par une démoralisation politique qui laissait à la merci du quidam assez audacieux pour en imposer à un esprit affaibli, tout le bénéfice du travail vaillamment et persévéramment accompli par des membres alertes et vigoureux.

Et l'oeuvre réalisée en vingt ans d'une initiative coloniale aussi heureuse que vaillante, et favorisée contre toute attente par un esprit de suite qui faisait défaut partout alentour, s'est trouvée compromise par l'effet de la volonté d'un gouvernement incapable d'étendre son application à d'autres objets que ceux de la lutte des partis.

Depuis l'époque lointaine,—en ce temps-là M. Chamberlain ne s'élevait pas encore au-dessus de la chaussure,—depuis que le désastreux accident d'une fausse manoeuvre parlementaire entre Gambetta et M. de Freycinet nous a fait perdre l'Égypte méditerranéenne, les symptômes progressifs de notre affaissement intérieur se sont normalement développés jusqu'au jour où il a été reconnu que nous étions mûrs pour l'affolement: alors, il a suffi de la menace de Fachoda,—merveilleusement mise en scène, il est vrai,—pour nous faire abandonner précipitamment le Soudan Nilotique aux mains d'un larron, dont la terrifiante escopette n'était pas chargée d'une autre poudre que celle que l'on jette aux yeux, et dont la seule chance sérieuse de nous réduire résidait dans son ascendant moral. Ce fut alors que le marquis de Salisbury fit signer à la France, sous le nom de Déclaration additionnelle à la Convention franco-anglaise du 14 juin 1898, le billet de Fualdès, tandis que M. Chamberlain tournait frénétiquement l'orgue de Barbarie de ses Rudyard Kipling.

La grandiose conception du chemin de fer du Cap au Caire trouvait dès lors, de ce côté, une fondation puissante; il restait à en établir l'autre pilier en agglomérant les moellons de l'Afrique du Sud par la réduction du Transvaal, corps étranger, dont la substance réfractaire empêchait le ciment de prendre. Il faudrait ensuite assurer le soutènement de la voûte médiane par un accord,—il serait peut-être plus exact de dire par un raccord,—soit avec la colonie allemande de l'Est-Africain, soit avec l'État indépendant du Congo, qui s'étendent, bout à bout, de l'un à l'autre océan, en travers de la route virtuelle du Nord au Sud.

La souveraineté de l'Afrique tiendrait tout entière dans cette entreprise, qui prétend donner au continent noir une colonne vertébrale gigantesque, un *back-bone,* dont le noeud vital serait le Caire et dont les circonvolutions cérébrales auraient leur centre à Londres.

Une fois pourvue de cet instrument de domination qui mettrait le Zambèse et le Congo sous sa main déjà posée sur tout le Nil et sur le Bas-Niger, l'Angleterre n'aurait plus qu'à s'installer à Delagoa-Bay, qui commande l'océan Indien, et c'en serait fait à l'instant de l'oeuvre coloniale patiemment élaborée, au prix de quels sacrifices et de quels dévouements par la France et, aussi, par l'Allemagne.

La conquête du Transvaal représente pour l'Angleterre trois éléments d'un intérêt capital: c'est la création d'un empire sud-africain aussi puissant que celui des Indes et moins exposé aux convoitises de voisinage; c'est l'accaparement des richesses minières qui constituent un trésor dans lequel il n'y aura qu'à puiser pour alimenter les dépenses incalculables d'une installation de cette envergure; c'est enfin la prise de possession de la baie de Delagoa, qui sera dans le jeu de l'Angleterre un atout aussi précieux que Gibraltar: la rade de Lourenço-Marquès étant appelée à fournir, au prix de certains travaux, l'un des plus beaux ports du monde, et à devenir le grand déversoir des charbons de l'Afrique du Sud.

Tout cela va tomber inévitablement aux mains de l'Angleterre, qui, comme l'avare Achéron, ne lâche point sa proie, et c'en est fait de l'Afrique pour les autres nations de l'Europe, à moins qu'une voix ne se fasse entendre pour appeler le monde pacifique au soutien d'un équilibre sud-africain qui pourrait être, avec une stabilité infiniment moins précaire, l'utile contrepoids de cet équilibre européen dont la recherche a troublé plus de cervelles que la poursuite du mouvement perpétuel.

L'historique de la question sud-africaine a été tracé maintes fois depuis que le conflit anglo-transvaalien, passant graduellement de la forme chronique à l'état aigu, tient l'Europe en émoi. Il se lie d'ailleurs étroitement à la désolante histoire de la compétition anglo-française en Égypte, qui marque la première étape de l'Impérialisme africain[1].

Depuis le temps où lord Palmerston combattait l'oeuvre civilisatrice de Ferdinand de Lesseps par les procédés inqualifiables que M. Charles Roux dénonçait récemment dans une étude magistrale[2] sur le canal de Suez — (l'un de ces moyens d'obstruction consistait à soulever les Fellahs) — jusqu'à M. Chamberlain, armant les noirs contre les colons hollandais, c'est la même lutte que soutient l'Angleterre contre quiconque porte ombrage à cette prépotence de droit divin, à ce «Paramount Power» qu'elle revendique et dont les exigences dans l'Afrique du Sud revêtent l'exclusivisme d'une sorte de doctrine de Monroe.

> **Footnote 1:** (return) Il ne nous appartient pas de nous arrêter sur ce point et nous ne croyons pouvoir mieux faire que de signaler l'ouvrage de M. De Caix, pleinement documenté, nettement déduit, fermement conclu: *Fachoda (la France et l'Angleterre).* — Librairie Africaine et Coloniale J. André.

> **Footnote 2:** (return) *Revue de Paris*, n° des 1er, 15 octobre et 1er novembre.

Après une vaine tentative pour enlever aux Hollandais leur florissante colonie du cap de Bonne-Espérance, en 1786, — attentat vivement châtié par le bailli de Suffren au combat du Cap-Vert, — l'Angleterre profita de la Révolution française pour s'y insinuer adroitement, mais c'était cette fois-là dans l'honorable dessein de la conserver à la Hollande, car la politique anglaise est un peu comme le sabre de M. Prudhomme «pour défendre ses amis, et au besoin pour les combattre». Elle la conserva si bien qu'elle l'a gardée jusqu'à ce jour.

Tous ses efforts s'appliquèrent dès lors à rendre le séjour intolérable aux Boers, peuple de paysans, comme le nom l'indique, formé des colons des Provinces-Unies (la Compagnie hollandaise s'était installée auprès de Mount-Table en 1848) avec un fort apport de calvinistes français, jetés hors de leur pays par la révocation de l'Édit de Nantes. Le général Joubert est un descendant de ceux-ci, et une infinité d'autres noms français subsistent au Transvaal. Reconnaissant la vie impossible pour eux sous la domination anglaise, les Boers, s'éloignant du rivage, franchirent le seuil montagneux et longtemps ils errèrent avec leurs troupeaux à travers la lande sud-africaine, dans la vaillante rudesse et la pastorale frugalité des Hébreux en Chanaan. Ce fut le grand *trekk* de 1833, où figurait Krüger adolescent. Dans leur lutte incessante contre les animaux, dont les plus redoutables et les plus abondants étaient les Cafres et les Zoulous (le Hottentot est paisible), la race fut vite aguerrie, puis les Anglais se chargèrent de l'amener progressivement à une véritable perfection dans l'art de la guerre contre les armes européennes. En 1848, on la pourchasse, on la défait à la bataille de Boomplatz et on prétend imposer la souveraineté britannique sur la région de l'Orange-River; pour échapper à une domination odieuse, les Boers les plus vaillants s'en vont au delà du Natal, sous la conduite de Pretorius, retrouver les hardis pionniers qui disputaient à la férocité des Matébélés cette marche sud-africaine, où le sol du Witwatersrand, exploité aujourd'hui jusqu'à plus de trois mille pieds par la plus rémunératrice industrie qui soit au monde, était alors foulé par des lions et par des rhinocéros. Combattant d'un côté les noirs et de l'autre les Anglais, les Boers eurent bientôt démontré à ceux-ci que le nouveau peuple d'Israël ne se laisserait pas réduire en servitude, et le gouvernement britannique prit le parti de reconnaître, au traité de Sand-River (1852), la République sud-africaine du Transvaal.

On n'attribuait alors à ces terres sauvages pas plus de valeur que lord Salisbury n'en accordait à ces sables dans lesquels, selon son impertinente appréciation, le coq gaulois se plaît à picorer. Un beau jour, il se trouva des diamants à Kimberley, chez les Boers de l'Orange: presque aussitôt la région de Kimberley était annexée à la Couronne (1871). On découvrit peu après les mines d'or du Rand; le Transvaal prit aussitôt le plus vif intérêt aux yeux de l'Angleterre qui se l'annexa sans autre forme de procès (1877), et, il faut le dire aussi, sans résistance effective des Boers, épuisés de forces et de ressources par leurs luttes meurtrières contre les peuplades noires sur lesquelles ils avaient conquis ce pays. Le commissaire anglais Shepstone n'eut qu'à se montrer pour prendre possession, par ordre du gouverneur général du Cap, sir Bartle Frère, dont la déclaration fut confirmée l'an suivant par son successeur lord Wolseley, au mépris du traité de 1852. L'Angleterre triomphait.

Elle a déchanté depuis ce temps. Après de vains et persistants efforts pour obtenir justice à Londres, les Boers, exaspérés par l'intolérance maladroite des fonctionnaires locaux, comprirent qu'il n'y avait à compter que sur la force; dans une réunion solennelle des burghers à Pardekraal, le 16 décembre 1880, ils mirent à leur tête le triumvirat Krüger, Brand et Joorissen, qui confia la direction des opérations militaires au général Joubert. Les Anglais furent battus à Potchefstroom, les passes du Drakenberg furent occupées sur la frontière du Natal et les journées de Laings Neck et d'Iniogo, suivies de la double victoire de Majuba-Hill, mirent en déroute l'armée du général sir Pomeroy Colley, qui fut trouvé parmi les morts. Le bruit courut qu'il s'était brûlé la cervelle.

Des droits que l'on défendait avec une telle vigueur d'argumentation étaient dignes de l'attention du gouvernement anglais; il le comprit tout de suite, étant de ceux-là qui pensent que bon accommodement est préférable à mauvais procès, et l'accommodement fut tout à son avantage, car, à la faveur d'un ingénieux artifice diplomatique, il maintenait le protectorat sur le peuple qui venait d'infliger un si rude échec à son protecteur. Les Boers protestèrent là contre, tant et si bien, qu'à la suite de la mission en Europe de MM. Krüger, devenu président de la République, Jacob du Toit et général Smit, lord Derby, devant l'insistance de M. Gladstone, substitua à la convention antérieure le traité de 1884, dans lequel étaient nettement réglés les rapports de l'Angleterre avec la République sud-africaine et qui ne portait plus trace d'une suzeraineté, dont la suppression faisait la base du nouvel accord. Le Transvaal était réintégré dans tous ses droits nationaux, sous cette seule réserve que l'Angleterre bénéficierait d'une faculté de veto sur les traités conclus avec d'autres États que l'*Orange Free State*, pendant un délai de six mois après leur rédaction.

C'est pour le rétablissement de cette suzeraineté, jamais exercée et promptement dénoncée, que le gouvernement britannique fait la guerre, après avoir joué longtemps d'un autre prétexte aussi peu fondé, la revendication des droits politiques des uitlanders (résidents étrangers), en dépit du traité de 1884, dont l'article 4 précise la nature de ces droits, exclusivement commerciaux, et sans la moindre prétention à une ingérence politique. M. Krüger avait pourtant, à une époque où il se faisait encore illusion sur la sincérité de certaines doléances, ouvert la porte du second Raad aux uitlanders justifiant comme électeurs de deux ans de séjour et de quatre ans comme éligibles, sous la seule condition, bien entendu, qu'ils renonçassent à la nationalité anglaise. Le nombre fut infime de ceux qui mirent à profit cette occasion d'échapper à leur sort de uitlanders persécutés. Ils voulaient bien partager les avantages des burghers, mais ils ne songeaient pas un seul instant à renoncer aux prérogatives des citoyens britanniques.

Les éphémères exploitants de ce camp minier qu'est la ville de Johannesburg, selon l'expression de M. Paul Leroy-Beaulieu, prétendaient faire la loi aux maîtres du sol transvaalien, à ceux qui l'avaient conquis de leurs armes, arrosé de leur sang, défendu de toutes leurs énergies et constitué en un État qui représente, observons-le en passant, avec l'*Orange Free State*, la seule république contemporaine vraiment digne de ce nom.

Jameson prétendit régler la question d'un coup de main; on lui donna sur les doigts; M. Chamberlain l'a rouverte avec une poigne plus exercée, mais qui ne paraît pas devoir être plus heureuse.

La politique impérialiste avait, il faut le reconnaître, été fort habilement menée jusqu'à l'éclat malencontreux du raid de ce Jameson, dont le zèle intempestif compromit tout pour longtemps. On avait patiemment travaillé à investir le Transvaal, d'abord en lui coupant toute communication avec la mer; après avoir inutilement tenté de ravir la baie de Delagoa au Portugal, auquel elle fut rendue par l'arbitrage du maréchal de Mac-Mahon en 1875, on passait, en 1884, avec les tribus du Tongaland un traité qui étendait la puissance britannique sur la côte de l'océan Indien jusqu'aux possessions portugaises. Puis, sans perdre de temps, on opéra du côté de la terre ferme, sous l'inspiration énergique et prévoyante de Cecil Rhodes, poussant vigoureusement le protectorat du Bechuanaland entre la République sud-africaine et la colonie allemande du Damaraland, qui manifestaient des velléités de se rejoindre, et devançant, bientôt après, l'expansion transvaalienne dans le Mashonaland, où elle était à la veille de s'installer en vertu d'un traité passé avec Lobengula par le président Krüger. Puis la Compagnie anglaise de l'Afrique du Sud, habituellement désignée sous le nom de Chartered, était créée par Cecil Rhodes, entre les mains duquel elle est actuellement un instrument politique redoutable après avoir été un instrument financier assez désastreux pour nécessiter aux yeux de son promoteur l'opération du Transvaal qui pourrait seule rendre évitable ou tout au moins masquer une banqueroute, dans laquelle seraient compromis quelques-uns des plus grands noms de l'aristocratie anglaise. Consulter sur ce point les déclarations précises de M. Wilson, l'ancien éditeur du *Times*, le directeur de l'*Invistor's Review*.

De tous les serviteurs de la Grande-Bretagne, M. Cecil Rhodes—dont l'impérialisme va jusqu'à accepter de ses concitoyens le surnom de *Napoléon du Cap*—est peut-être le personnage qui répond le mieux aux aspirations actuelles de la vanité nationale. Cet homme est au plus haut degré représentatif de la force primant tout ce qui lui fait obstacle, et de la force la plus estimée, la mieux utilisée par le génie anglais, la force du capital. Parti à quatorze ans, poitrinaire, et sans ressources, pour Natal, où on lui offrait un petit emploi dans une maison de charbonnages, il est devenu en peu d'années le lutteur aux larges épaules et le millionnaire aux coups formidables: son coup d'essai, un coup de maître, où éclate le génie de la conception autant que celui de la réalisation, c'est la syndicature des mines de Kimberley, dont il solidarise les intérêts jusqu'alors antagonistes par une concentration qui leur assure une suprématie durable sur le marché du diamant. Telle est l'opération que l'argot du métier appelle l'amalgamation de la De Beers. Il fonde ensuite les Goldfields, réparant dans une assez large mesure le préjudice causé à sa fortune par l'erreur de l'ingénieur Williams. Ce Gardner, l'un des spécialistes les plus compétents en mines d'or, emmené par Rhodes quelques années auparavant sur le Witwatersrand, s'était prononcé, après un examen consciencieux, en déclarant que «ça n'était pas payant». Il est vrai que l'on ignorait encore le procédé de cyanuration qui a rendu si fructueuse l'exploitation de ces minerais d'un caractère inconnu jusqu'alors.

Cecil Rhodes crée ensuite la Chartered, soumet le roi Lobengula dans une campagne énergique où il paie hardiment de sa personne, et subventionne de ses deniers une révolution à Johannesburg. Ses moyens le lui permettent: la De Beers et les Goldfields lui ont fait une fortune dont il use prodigalement, frugal et simple dans le train de sa vie privée, mais fastueux et insatiable dans ses appétits politiques. Il s'est trouvé que l'affaire de la révolution de Johannesburg était infiniment moins payante que le sol du Witwatersrand; la Chartered ne l'a pas été davantage jusqu'à présent, et l'on a vu la période des calamités s'ouvrir presqu'en même temps que celle des fautes: Job, de mille tourments atteint, n'eut pas à subir une série noire aussi prolongée que celle de M. Cecil Rhodes, qui vit fondre sur sa destinée, dans l'espace de quelques mois, l'épidémie de fièvre la plus meurtrière, la révolte des Cafres dans la Rhodesia, la *rhinderpest* sur le bétail, la perte de sa commandite révolutionnaire et la captivité de Jameson, la publication du dossier secret dans la campagne contre le Transvaal, enfin l'obligation de se démettre, en présence du lâchage de ses principaux complices. Tant de ruines accumulées ne l'émotionnèrent pas plus que celle des actionnaires de mines d'or mis à mal par sa politique, et il n'en perdit pas l'appétit, ni la combativité. Ce fut ce qui le sauva.

Un détail montrera quel fut à cette époque l'acharnement du Destin contre cet homme: en arrivant de Buluwayo au Cap, il trouva sur le quai du chemin de fer un de ses meilleurs amis qui l'attendait avec une figure de circonstance:

— Rhodes! un nouveau malheur!

— Quoi donc?

— Votre maison du Cap a brûlé cette nuit...

(C'était une somptueuse demeure, où Rhodes avait accumulé des bibelots de prix, le seul luxe matériel auquel il fut sensible).

— Vous m'avez fait une peur! murmura-t-il sans sourciller, et, après une innocente malice sur le compte de l'infortuné Jameson, il s'engagea dans une interminable conversation d'affaires, puis il prit le bateau sans être allé visiter les décombres, étant de ceux qui sont trop occupés de ce qu'il y a devant eux pour regarder en arrière.

Le trait le plus significatif de cet homme de caractère est, je crois, peu connu: à trente ans, ayant réalisé à Kimberley l'immense fortune que l'on sait, il jugea ne pouvoir faire un meilleur emploi du loisir opulent qui s'offrait à lui qu'en allant passer au collège d'Éton le temps nécessaire à l'acquisition d'une culture littéraire, indispensable pour un homme public en Angleterre, et que son absorption précoce dans les charbonnages de Natal ne lui avait pas permis de se procurer jusqu'alors.

La pratique des belles-lettres et de la philosophie scolaire paraissent lui avoir aiguisé l'esprit sans l'orner et n'avoir point affiné la rudesse de son tempérament. Il fait partie du Conseil privé de la Reine, mais ce n'est assurément point un homme de cour. L'obsédante contention de sa pensée ne laisse guère de place aux soins de la courtoisie et il ne s'applique aucunement à envelopper l'impression de ses sentiments dans la conversation ni dans le discours en public. Son action personnelle dans les négociations d'homme à homme est extrême, mais il n'a point de talent oratoire, et ses intimes éprouvent un violent malaise chaque fois qu'il discourt dans un banquet, — si l'on n'a pris soin auparavant de retirer tous les plats.

Les enivrantes promesses de son impérialisme ne se sont pas réalisées de la façon qu'on attendait; il semble toutefois que M. Rhodes n'ait pas encore découragé chez ses compatriotes l'espérance, cet aliment de prédilection des spéculateurs financiers et politiques. Sa photographie se dresse sur tous les pianos du Royaume-Uni et des colonies ou pays de protectorat, et son nom, auréolé de gloire, est répété avec orgueil par tous les enfants de la forte race qui couvre un sixième du monde habité.

A voir en quelle gratitude l'Angleterre tient le fondateur de la Chartered, on se demande ce que les Belges doivent penser de l'homme auquel ils sont redevables de l'oeuvre glorieuse, pacifique et féconde du Congo. Le colonel Thys est un homme d'une encolure aussi puissante que celle de Cecil Rhodes, auquel on prétend qu'il ressemble physiquement; mais ses robustes épaules n'ont jamais laissé tomber le fardeau qu'elles avaient à soutenir, et il a traîné jusqu'au bout le char un moment embourbé de l'État indépendant. Son chemin de fer ne menace ni le Caire, ni le Cap, mais il fait la meilleure besogne qu'on ait jamais obtenue d'une voie ferrée. Enfin le colonel Thys a l'heureuse chance d'être entouré d'amis qui ne le comparent pas à Napoléon, ni même à Alexandre le Grand, quoiqu'il soit en train de donner à son pays un empire incomparable, tandis que, financièrement discrédité par la Chartered, moralement amoindri par Jameson, et politiquement dépossédé par l'échec électoral de son parti dans la colonie du Cap, dont il avait été si longtemps le premier ministre, M. Cecil Rhodes nous fait l'effet d'avoir lâché sa proie pour l'ombre de Napoléon.

Un homme d'action comme Cecil Rhodes ne doit pas être superstitieux; autrement, il serait frappé de la malechance obstinée à frapper les Anglais chaque fois qu'ils touchent aux Boers qui, guidés, semble-t-il, par une heureuse étoile, bénéficient d'une nouvelle trouvaille à chaque étape de leur exode (les diamants à Kimberley et l'or au Witwatersrand) ou bien sont au contraire providentiellement détournés du sol néfaste de la Rhodesia vers lequel ils se dirigeaient quand s'y installèrent les Anglais, arrivés toujours trop tard ou trop tôt dans ce coin du monde où rien ne leur réussit et sur lequel ils s'acharnent à contre-temps avec la frénétique inopportunité des passions malheureuses.

M. Krüger donnerait de cela l'explication naturelle à l'esprit d'un croyant comme lui, qui se sent perpétuellement en communication avec la Providence et qui sait pouvoir compter sur elle, comme il le professe dans toutes ses déclarations solennelles; c'est ainsi qu'il l'exprimait récemment à la séance de prorogation des Raads: «Les Boers n'ont rien à craindre, car le Seigneur est le juge suprême, c'est lui qui décidera. Les balles ont plu par milliers lors de l'incursion Jameson, mais les burghers n'ont pas été sérieusement atteints, tandis que plus de cent Anglais ont été tués. Cela montre que le Seigneur dirige les balles et gouverne le monde.» Les balles dum-dum elles-mêmes sont sans effet, quand la droite du Seigneur les fait dévier, il faut bien le croire, puisque les Anglais qui en avaient expédié des millions dans l'Afrique du Sud semblent vouloir y renoncer.

Familièrement surnommé «l'oncle Paul» par la confiance des Burghers, reconnaissants de la bonhomie avec laquelle il met au service de leurs intérêts particuliers la profonde expérience et la vigoureuse dextérité qui ont préservé de bien des périls la jeune république, le président Krüger est un homme dont la personnalité morale évoque par une puissante combinaison du rusé diplomate, de l'homme de guerre et du prophète, le souvenir de Cromwell, élevé comme lui parmi les fermiers et envoyant à la victoire, au nom d'une conviction politico-religieuse, ses célèbres Côtes-de-fer, invincibles comme le sont aujourd'hui les combattants transvaaliens.

L'assimilation est complète par l'usage incessant chez Krüger comme chez Cromwell de ce jargon biblique, appelé «patois de

Chanaan» par les gens irrévérencieux, et dont Macaulay fait une peinture, qui semble inspirée par les harangues du Raad ou par des lettres comme celle du secrétaire d'État, M. Reitz, sur la vigne de Naboth: «Des hébraïsmes violemment introduits dans la langue anglaise, des métaphores empruntées à la plus hardie poésie lyrique d'un temps reculé et d'un pays lointain, et appliquées aux usages habituels de la vie anglaise».

Toutefois, l'oncle Paul, il faut le reconnaître à sa louange, se distingue nettement de Cromwell par une générosité de coeur dont l'exemple est bien rare chez les prophètes, et l'on sait que Jameson a été traité avec infiniment moins de rigueur que Charles Ier. S'il apparaît comme un habile politique, le Cromwell boer n'a rien assurément de l'«hypocrite raffiné» que Bossuet dénonçait dans des circonstances qui, d'ailleurs, ne lui laissaient pas une complète liberté d'appréciation.

—«Nous ne voulons pas la guerre, disait-il, mais si elle devenait inévitable Dieu serait avec son peuple comme il l'a été jusqu'ici.» Les Boers ne s'en tiennent pas, on le sait, à la foi qui n'agit point, et pour justifier l'assistance céleste, comme le commande le proverbe, ils s'aident eux-mêmes du zèle le plus actif et le plus réfléchi, «combattant par les armes autant que par la prière», ainsi qu'il est écrit, et «assurés, comme dit Bossuet, par l'exemple de Moïse que les mains élevées au Ciel enfoncent plus de bataillons que celles qui frappent». Il leur a été donné ainsi de renouveler glorieusement une des légendes de l'Écriture, et le désarroi des Philistins en présence de Goliath anéanti ne fut vraisemblablement pas plus profond que l'affolement des Anglais à la nouvelle de leur champion sud-africain terrassé par le David de Ladysmith.

Cette robuste confiance en son Dieu et en son droit, gravée au coeur du Boer, le fortifie contre l'Anglais, qui a fait de ces deux mots l'enseigne d'une politique au profit de laquelle milite une foi généralement mauvaise. L'ardente conviction des défenseurs du Transvaal a donné jusqu'ici l'avantage au faible contre le fort, aussi bien sur le terrain des négociations que sur le champ de bataille; tandis que sir Alfred Milner,—estimable fonctionnaire de l'ordre financier, mais agent politique des plus médiocres, au dire de M. Labouchère,—poursuivait contradictoirement avec le président

Krüger et le secrétaire d'État Reitz un interminable débat dont le compte rendu remplirait un volume, quoique notre bon La Fontaine l'ait fait tenir dans le dialogue du «Loup et de l'Agneau», le docteur Loyds, le jeune et éminent diplomate qui représente en Europe la République sud-africaine, gagnait à son pays les sympathies unanimes des nations continentales, dont les coeurs se gonflent d'angoisse et dont les mains sont prêtes à se tendre vers le vaillant petit peuple qui seul a osé tenir en échec les arrogantes prétentions de l'ennemi commun. «Toutes les nations nous haïssent!» disait amèrement M. Gibson Bowlen à la séance de clôture du Parlement; une seule, la moindre de toutes, a eu jusqu'ici le courage de son opinion.

«Nous expierons la faute, si nous la commettons!» écrivait quelques jours auparavant M. Stead, et Gladstone, avant tout autre, avait eu la loyauté de dire: «Nous avons fait tort au Transvaal, nous lui devons réparation». Ces paroles sonnent mal à une oreille britannique, mais il vaut mieux les écouter avant le crime que d'entendre à l'heure de l'expiation des discours comme celui de Burker au lendemain de la guerre d'Amérique: «Grands dieux! s'écriait-il au Parlement anglais, en 1782, est-il temps encore de nous parler des droits que nous soutenons dans cette guerre! oh les excellents droits! Précieux ils doivent être, car ils nous ont coûté cher. Oh! droits précieux, qui avez coûté à la Grande-Bretagne treize provinces, quatre îles, cent mille hommes et plus de dix millions sterling! oh! droits admirables qui avez coûté à la Grande-Bretagne son empire sur l'Océan et cette supériorité si vantée qui faisait plier devant elle toutes les nations! Oh! droits inestimables, qui avez enlevé notre rang parmi les nations, notre importance au dehors et notre bonheur au dedans; qui avez détruit notre commerce et nos manufactures, qui nous avez réduit de l'empire le plus florissant qui fut au monde à un État restreint et sans grandeur! Droits précieux, qui nous coûterez sans doute ce qui nous reste!»

Pour plonger la nation anglaise dans une pareille confusion, il avait suffi qu'en France l'indignation publique, encore frémissante des hontes acceptées au traité de Paris, à la suite de la guerre de Sept Ans, contraignît le ministre Vergennes, longtemps hésitant, à saisir l'occasion inespérée qui se présentait de prendre revanche sur l'Angleterre et de relever à la fois notre marine et nos colonies, en marchant résolument à la suite de Lafayette et de tant d'autres vaillants Français, qui n'avaient pas attendu l'approbation de leur gouvernement pour se lancer dans une entreprise aussi généreuse que profitable. Ah! la sublime folie qui pousserait un homme comme le commandant Marchand à s'en aller vers cette autre extrémité de l'Afrique relever le défi de Fachoda! et combien d'entre nous s'en iraient avec lui, de ceux-là qui n'ont même plus, hélas! les vingt ans qu'avait Lafayette quand, en dépit des lettres de cachet lancées pour le retenir, il s'embarqua vers l'épopée où le poussait l'instinctif élan du patriotisme le plus avisé!

Prévost-Paradol a écrit que la terre serait anglo-saxonne; cela ne veut pas dire que la domination anglaise doive s'exercer sur toute la surface du globe; aussi bien le génie britannique tend à favoriser plutôt le développement de la race que l'expansion de la nationalité. C'est le propre d'une politique coloniale qui ne se fait accepter d'un bout à l'autre de l'univers qu'en accommodant son régime administratif aux exigences irréductibles des milieux, au sein desquels le conquérant est tôt ou tard absorbé par sa conquête, en vertu d'une des lois de la nature identique à celle qui veut que le bétail importé perde au bout de quelques générations les caractères de sa race, inévitablement assimilée par l'action continue du sol et du climat.

Le génie colonial de l'Angleterre soutient une lutte incessante contre cette fatalité par l'application d'une série de formules dont chacune est conçue en vue de ralentir sur un point déterminé les effets de cette dénaturation; c'est pourquoi l'élasticité des liens qui retiennent, parfois bien faiblement, les possessions anglaises à la Métropole, comporte plus de vingt-cinq degrés, depuis la souveraineté directe exercée sur les «Crown Colonies» jusqu'à la suzeraineté purement nominale que le gouvernement impérial s'attribue sur telle ou telle peuplade lointaine. L'exercice virtuel de cette souveraineté *in partibus* est sans grand inconvénient chez certaines tribus de nègres, mais comment pourrait-il se concilier avec la passion effrénée de l'indépendance qui anime une jeune République vigoureusement armée pour la lutte, au physique et au moral?

Impraticable de fait, elle est inadmissible en droit au Transvaal, comme il appert d'une concluante étude de M. Arthur Desjardins, dont l'autorité en matière de jurisprudence internationale est universellement reconnue. D'accord avec M. Rolin-Jacquemyns, avec M. Charles Lucas, et divers autres jurisconsultes d'une compétence spéciale sur les questions de cet ordre, il déboute l'Angleterre de ses prétentions à un protectorat qui n'avait d'ailleurs aucune raison d'être vis-à-vis d'un État adulte, émancipé depuis 1884 et actuellement en plein exercice de sa majorité.

De cette consultation, extrêmement intéressante au point de vue juridique, je ne retiendrai qu'une observation de bons sens, aussi décisive que la plus savante argumentation juridique, sur l'essence irréductible du protectorat, qui est l'obligation pour les pays protecteurs de défendre le pays protégé; or le Transvaal, nanti par l'aveu même de l'Angleterre, d'un titre de protectorat, sur le Souaziland, qui le montre en état de pourvoir non seulement à sa propre défense, mais encore à celle du voisinage—le Transvaal a si peu besoin de protection pour lui-même qu'il a déjà deux fois répondu par de mémorables corrections aux airs protecteurs de celui qui prétendait s'immiscer dans ses affaires. L'emploi du mot protection est là doublement abusif, puisque en premier lieu le protégé a toujours eu jusqu'à présent le dessus sur son protecteur, et que, d'autre part, l'intervention anglaise tend à se manifester au Transvaal comme une sorte de protectorat d'Ugolin, qui dévorerait son protégé pour lui conserver un protecteur.

Par malheur, ces arguments juridiques sont d'un poids insignifiant dans les balances de la politique impérialiste, habituée à traiter d'avocasserie et d'indigne chicane l'évocation des points de droit; on l'a bien vu en Égypte dans l'affaire de la Dette. Il n'est pour elle d'autre droit que celui qui est inscrit sur l'écusson national: son droit inspiré par son Dieu, lui fait un devoir de plaider alternativement le pour et le contre en Égypte, suivant le sens des intérêts, et de se présenter tantôt comme l'adversaire du Sultan et tantôt comme son champion, selon qu'il s'agit de lui enlever la Basse-Égypte ou de mettre soi-même la main sur le Bahr-el-Ghazal,—alternative d'une exploitation aussi rémunératrice que celle dont fut victime, il y a cent ans, la colonie hollandaise du Cap. Son droit, c'est d'oublier au Niger l'acte de Berlin, à Zanzibar le traité de 1884. Son droit, c'est de ne compter que sur ses forces et, en l'absence de toute gendarmerie internationale, de se faire justice—ou injustice—soi-même, «le Ciel n'ayant point établi de tribunal à qui les rois de France puissent en appeler», comme disait Louis XIV, cent quatre-vingt-dix-sept ans avant la conférence de La Haye.

Ces forces tant vantées, quelle en est la mesure? Comment a-t-on calculé la puissance de ces moyens d'action dont l'appareil impose à tout l'univers cette terreur superstitieuse que les diplomates appellent du recueillement et qui réduit au silence les voix les plus retentissantes, dès qu'elle agite son tonnerre et qu'elle lance à travers les océans ses foudres, peut être aussi chimériques que celles du Calchas de l'opérette?

L'enfantine image du colosse aux pieds d'argile, exposé par l'effet de son propre poids à un effondrement soudain et définitif, est-elle simplement la forme que revêtent les espérances des patriotes d'estaminet? ou bien exprime-t-elle une réalité?

Il serait vraiment bien opportun d'entreprendre une étude critique, documentée et raisonnée sur la situation matérielle dans laquelle se trouverait l'Angleterre au cas où serait relevé l'un des défis incessants qu'elle porte à tout venant. Est-il vrai que les ressources incomparables dont elle dispose ne soient point en proportion avec les nécessités innombrables auxquelles elle aurait à faire face? Est-il vrai que sa marine de guerre, douée d'une supériorité matérielle qui lui garantit absolument la victoire dans une rencontre d'escadres, se trouverait en infériorité marquée dans la guerre de course, ou même (si on ne se décide pas à la rétablir) dans une campagne d'éparpillement qui harcellerait incessamment par petits groupes ses points faibles sur les côtes ou à la mer sans jamais donner prise à des engagements de masses? (C'est un peu la tactique des Boers sur la terre ferme.) Est-il vrai que,—mal gré l'énorme avantage qu'elle a eu la prévoyance de se réserver par la multiplicité et la position opportune des points d'appui, qui assurent dans toutes les mers le refuge en cas de danger, et, en même temps, le charbon, ce nerf de la guerre maritime,—la plus formidable puissance navale de l'univers serait singulièrement gênée dans les entournures par nos torpilleurs, dont l'infériorité numérique est moins marquée que celle de nos croiseurs et de nos cuirassés et qui l'emportent haut la main sur les destroyers anglais par la hardiesse des mouvements? A-t-on lieu de penser qu'il serait de la sorte aisé de faire un mal terrible à ses convois, et même à ses vaisseaux de guerre, et d'entraver un ravitaillement, obligé de pourvoir actuellement dans la proportion de 80% à l'alimentation d'un pays qui n'avait à demander au dehors, à l'époque du blocus continental, que de 20 à 25% des denrées de première nécessité? Est-il vrai que le seul fait du renchérissement des subsistances, consécutif à la hausse inévitable du fret par l'élévation du taux de l'assurance maritime, exposerait presque immédiatement le Royaume-Uni à une crise sociale des plus effroyables? Enfin, n'est-il point avéré que cette marine imposante est dans l'impossibilité de trouver sur la terre anglaise le nombre d'hommes nécessaire à ses équipages, et qu'il lui faut solliciter en Norvège un recrutement qui y rencontre des difficultés chaque jour plus grandes?

Quant aux forces de l'armée de terre, les Boers se chargent de fixer l'opinion en ce qui les concerne. Observons seulement que la mobilisation de quelques régiments pour la guerre sud-africaine n'a pu s'effectuer qu'au prix de la désorganisation momentanée de certains services particuliers, notamment des postes et de la police londonienne, voire même des transports urbains, puisqu'une dépêche de source anglaise assurait récemment que l'on avait dû enlever deux cents chevaux aux tramways de Liverpool.

Un contemporain de Wellington disait que l'infanterie anglaise était la première du monde, mais qu'il y en avait fort peu; il y en aura de moins en moins si les Boers continuent à capturer des colonnes entières.

Une enquête approfondie sur les divers points énumérés et sur quelques autres confirmerait peut-être l'impression qui est en train de se répandre en Europe et selon laquelle l'appareil militaire de l'Empire britannique serait un majestueux instrument de domination en temps de paix, mais un engin de défense d'une médiocre efficacité contre les intempéries de la guerre. Tels sont ces parapluies de luxe qu'il convient de prendre seulement par le beau temps. Et, s'il éclate un orage? eh bien! l'on rentre chez soi.

La puissance de l'Angleterre n'est pas dans ces forces matérielles d'aspect si prestigieux et de solidité si précaire, mais dans l'ascendant moral d'une politique dominatrice qui excelle à s'emparer de l'esprit des populations rivales.

Fondée sur un certain nombre de principes psychologiques, dont elle poursuit l'application avec une continuité qui n'est pas le moindre élément du succès, et avec un sang-froid dont l'apparente sécurité décourage les résistances, elle excelle à faire tomber des mains de ses ennemis les armes dont elle ne serait point en état de supporter les coups.

Un mot vulgarisé depuis peu par l'expansion simultanée du *poker* et de l'Impérialisme exprime à merveille cette suggestion qu'un esprit énergique et concentré peut, presqu'à coup sûr, faire subir aux âmes sans consistance, embarrassées de scrupules ou ralenties parle doute. Dans l'un et l'autre de ces jeux d'origine anglo-saxonne, il arrive fréquemment qu'un joueur n'ayant point en main les cartes qui conviendraient pour s'engager, sauve sa mise et ramasse le tapis en payant d'audace par une surenchère dont la confiante sérénité met en déroute des adversaires auxquels la victoire appartiendrait, par la force de leurs brelans ou de leurs quintes, s'ils osaient risquer le coup. Cette audacieuse pratique exige autant d'observation que de décision; il faut savoir choisir la victime et saisir au bond l'opportunité; les personnes timorées et impressionnables offrent une proie presque assurée, à condition que l'on attende pour leur porter le *bluff* le moment où elles laissent paraître des symptômes d'énervement ou de démoralisation. C'est ainsi qu'on en a usé envers la France à Fachoda.

L'examen des artifices de la politique anglaise ne saurait entrer dans le cadre de cette étude, à quoi elle se rattache cependant par des liens étroits; mais je voudrais en esquisser les traits les plus significatifs:

C'est, en première ligne, un art merveilleux de l'argent, avec lequel elle se procure tout ce qui est objet de commerce, notamment l'opinion publique, et qui lui permet d'intervenir dans les agitations de l'ordre social, de l'ordre politique et même, à l'occasion, de l'ordre judiciaire.

La beauté de cet art apparaît surtout en ceci que l'argent engagé de la sorte ne figure généralement que comme une avance dont le remboursement est effectué par la victime de l'opération; c'est ainsi qu'en Égypte, il a été aventuré à bon escient des sommes considérables au détriment de la France qui n'a su ni s'associer, ni s'opposer;

c'est ainsi que l'on fait sortir du Trésor, en ce moment, 250 millions, en ayant soin d'informer le contribuable anglais qu'ils y seront rapportés par le pays conquis, c'est-à-dire par l'industrie minière, grevée en conséquence, sur le dos des naïfs actionnaires qui ont réclamé à grands cris cette prise d'armes. Cela s'appelle se payer sur la bête.

Le succès d'une longue suite d'entreprises de ce genre a constitué pour l'Angleterre un crédit qui met à sa disposition des ressources illimitées, d'autant plus qu'on la sait incapable de s'engager sciemment dans une affaire qui ne serait pas payante et de mettre son carnet de chèques au secours des Arméniens massacrés, visiblement hors d'état de «rendre», comme les opprimés de Karthoum ou les uitlanders affamés! Après avoir été longtemps considéré par les poètes comme le sceptre du monde, le trident de Neptune a subi une évolution qui tend à le transformer en un râteau de croupier.

Avec ou sans le secours de son argent, la politique anglaise excelle aussi à implanter dans l'esprit de ses adversaires des idées fausses qu'elle élève patiemment à la dignité d'axiomes incontestables; ces préjugés, si fortement accrédités en France à l'heure où nous sommes, portent notamment sur l'invincibilité de ses armes, que voici déjà tout émoussées; sur l'inexorabilité de ses menaces, que partout on la voit retirer devant un gros intérêt ou devant un danger pressant; sur l'impossibilité de rien entreprendre contre elle, contre qui tout est possible. Il y a aussi la conviction qu'elle seule est en état de faire la tranquillité des peuples, la prospérité des colons et l'amusement des financiers, — conviction pieusement entretenue par une certaine spéculation cosmopolite qui vendrait le drapeau de n'importe quel pays pour cent sous de hausse, fût-ce avec l'intention louable de le racheter à la baisse.

Deux autres stratagèmes diplomatiques sont exploités par le génie impérialiste avec une habileté soutenue et un profit constant: l'un est ancien comme le monde, il tient dans l'antique formule «Diviser pour régner», et sa plus éclatante application a été réalisée par le dernier des Horace contre les trois Curiace. Il consiste à éparpiller les adversaires sur le terrain, de façon à «faire l'affaire» de chacun d'eux isolément; c'est ainsi que le chasseur diligent en use avec les perdreaux et, c'est ainsi que l'Angleterre procède envers les nations européennes, mettant un soin ingénieux à ne jamais avoir de difficultés avec deux d'entre elles à la fois, et sachant attendre pour se jeter sur Fachoda que l'Allemagne, déçue par notre immobilité lors de la dépêche à Krüger, nous ait abandonnés dans l'affaire de la Dette égyptienne; guettant, pour en finir avec le Transvaal, le moment où la politique intérieure de la France, gravement intéressée dans la chose, semble devoir lui rendre difficile une conversation diplomatique avec telles autres nations européennes; déblayant enfin le terrain pour l'heure tragique où l'Allemagne, isolée au Transvaal en 1895, et la France abandonnée en 1898 au Bahr-el-Ghazal et n'ayant pas trouvé en 1899 le ciment d'une intervention commune, resteraient enfermées chez elles pendant que la Russie se heurterait du front à l'Empire des Indes.

L'autre stratagème est un adjuvant du premier: c'est la politique du fait accompli ou prétendu tel. On dit au Portugal: «Toute résistance serait inutile à Delagoa-Bay, nous nous sommes mis d'accord sur ce point avec l'Allemagne», en même temps que l'on dit à la France: «Restez chez vous, l'accord anglo-allemand est conclu». Des affirmations aussi précises déconcertent le scepticisme le plus exercé; on se désintéresse d'une lutte désormais inutile, et à force de considérer comme accompli un fait qui ne l'est pas, on lui laisse le temps de s'accomplir et on lui en fournit les moyens.

De tels procédés se rencontrent dans la meilleure société, ainsi que dans la plus mauvaise, et il y suffit à l'occasion d'une liaison coupable mais imaginaire pour empêcher un mariage, qui serait heureux et fécond: «N'épousez pas cet homme-là, ma fille, il a une chaîne... Quelle horreur!» Et, bien souvent, tout cela n'est que potins de commère intéressée.

On y parerait aisément avec une enquête minutieuse et discrète, mais l'accord des familles est troublé par l'insistance du propos, et le projet se trouve insensiblement abandonné si les conjoints n'éprouvent pas l'un pour l'autre une de ces inclinations qui résistent à tous les mauvais desseins. Or, le penchant des grandes nations européennes est-il assez puissant pour les jeter dans les bras les unes des autres en dépit de ces racontars, répercutés avec une malfaisance dénuée de malice dans l'entourage de chacune d'elles par quelques vieilles portières de la diplomatie de presse, qui, ne sachant pas grand'chose, sont fréquemment exposées à parler de ce qu'elles ne savent pas; or, des négociations secrètes, elles ne savent guère que ce que ceux qui les conduisent out intérêt à leur laisser savoir pour le leur faire publier. Une savante campagne paraît avoir été menée de la sorte, en vue de parer aux dispositions inquiétantes de l'Europe, à qui l'affaire sud-africaine allait peut-être fournir une occasion inespérée de sortir du chaos en lui faisant prendre conscience de ses intérêts généraux, mis en évidence par les fautes de son véritable ennemi.

II

La France n'a plus d'amis, du moins dans le voisinage. Entourée de malveillance, de suspicion et d'envie — on l'a vu naguère, — elle en est réduite à examiner quel est son ennemi le plus pressant, pour lui faire face, en appelant au besoin les autres à la rescousse. Or, le péril présent vient-il pour nous de l'Allemagne qui nous a pris tout ce qu'elle pouvait espérer, et bien au delà, et qui ne nous voit pas en train de chercher à le lui reprendre? ou vient-il de l'Angleterre avec laquelle chaque année nous apporte un nouveau conflit et qui nous présentait il y a quelques mois encore, au lendemain de Fachoda, tout un mémoire de questions à régler. — Questions coloniales! dira-t-on. — Assurément. Or, ce sont les questions vitales de l'Europe de demain; il n'y a plus guère que notre ministre des colonies qui soit encore à s'en apercevoir!

Des adversaires moins irréductibles que le ministre compétent (pour parler le langage administratif) consentiront sans doute à reconnaître que nous avons d'importants intérêts à défendre contre les Anglais sur divers points du globe: sinon en Égypte (il faut que cette porte soit fermée, n'étant plus ouverte; d'accord!) du moins en Chine, au Siam, à Madagascar pour des questions de tarif, en Abyssinie pour des questions d'influence, au Maroc pour des questions de pénétration, à Terre-Neuve pour le règlement d'un procès qui dure depuis le traité d'Utrecht, enfin au Soudan et au Tchad, où bat le coeur de l'Afrique française, palpitant au spectacle de tant de héros tombés, les Crampel, les Bretonnet, les Béhagle, dont certains écrivains, que je veux croire bien intentionnés, affligent en ce moment la mémoire par une compassion boulevardière qui prétend laisser leur mort sans vengeance et leur effort sans résultat.

En ces divers lieux, nous sommes en compétition avec l'Angleterre, on le veut bien; mais l'Afrique du Sud, chez qui nous n'avons pas un pouce de territoire à conserver ou à espérer, comment pourrait-elle nous passionner au point de nous faire prendre parti dans une lutte où, il nous appartient uniquement de marquer les coups! Telle est l'opinion qui persiste dans certains organes vestigiaires d'une politique antédiluvienne.

M. de Vergennes, le ministre de Louis XVI, qui ne tarda pas à devenir le vigoureux instrument de notre intervention dans la guerre d'Amérique, formulait une opinion de ce genre, quand il écrivait à M. de Guines, ambassadeur à Londres: «Loin de chercher à profiter des embarras où l'Angleterre se trouve à l'occasion des affaires d'Amérique, nous désirons plutôt l'aider à se dégager». C'était douze ans après le traité de Paris, qui nous avait pris nos colonies; nous sommes au lendemain de Fachoda, qui nous a définitivement arraché l'Égypte et le Haut-Nil. M. de Vergennes ne persista pas dans sa doctrine. Notre diplomatie, qui a imité sa prudence, saura-t-elle, au moment venu, prendre exemple sur sa fermeté?

Si la France est en cause dans la guerre du Transvaal? Quelle question!

Outre les intérêts considérables que nous avons sur place et même dans le voisinage, c'est indirectement toute notre entreprise coloniale, c'est pour le moins notre situation en Afrique dont le sort se débat en ce moment autour de Ladysmith, où la lutte est engagée entre l'équilibre africain et l'envahissement de l'Impérialisme, qui, s'il n'est arrêté net sur la route du Cap au Caire, rendra le continent intenable. On peut dire de la question africaine, comme on l'a dit de la Révolution française, — et plus justement, je crois, — que c'est un bloc. Il y a une politique africaine pour l'Angleterre et il y en a une pour la France. Toutes deux sont en présence.

Celle de l'Angleterre est encore au début de sa course, qui menace tout et tous; la nôtre est fixée, depuis peu, dans les limites à peu près inextensibles d'un Empire qui réunit nos fiefs méditerranéens (domaine d'Algérie, protectorat de Tunisie, et prépondérance économique dans une partie du Maroc) avec nos possessions de l'Océan (Sénégal, Guinée, Côte d'Ivoire, Dahomey, rattachés par le Soudan et les affluents du Tchad). Le désert saharien, qui paraît interposer entre ces deux groupements un obstacle infranchissable est appelé au contraire à les réunir tôt ou tard par les diverses branches du Transsaharien. C'est à cette concentration de nos forces, à leur utilisation sur place, que doit désormais se consacrer toute notre activité, et la splendide épopée des conquistadors français a pris fin [3].

> **Footnote 3:** (return) Cela ne veut pas dire qu'il soit
> opportun de réduire brusquement aux proportions
> les plus infimes nos forces et notre action militaire
> dans ces régions, — comme pour faciliter à
> l'Angleterre la concentration sur l'Afrique du Sud,
> de ses effectifs, brusquement rendus disponibles,
> par une retraite aussi inattendue... du moins en
> France.

A l'heure actuelle nous représentons en Afrique l'équilibre et le développement pacifique, tandis que l'Angleterre y apporte l'invasion et le bouleversement.

C'est dire que si le programme de notre action directe semble devoir s'arrêter aux termes que je viens de préciser, notre politique n'en doit pas moins agir au dehors par tous les moyens dont elle dispose, on prêtant le concours le plus étendu aux adversaires qui se trouvent naturellement placés au travers de la route que prétend s'ouvrir l'Impérialisme. Deux d'entre eux, malgré l'évidence de leurs intérêts diamétralement opposés à ceux de l'Angleterre, sont demeurés jusqu'à présent dans une attitude indécise, vraisemblablement dans l'attente d'une politique européenne qui paralléliserait les efforts et totaliserait les facultés de résistance: ce sont les Allemands de l'Est-Africain et les Belges du Congo. Les deux autres, autochtones, sont fatalement irréductibles et c'est pour la vie qu'ils luttent en se défendant contre l'Angleterre: les Boers aujourd'hui, et demain les Abyssins, dont le tour viendrait aussitôt que serait réglée l'affaire du Transvaal. Ainsi le veut la politique de l'Horace-et-Vorace-Albion!

Tous ces éléments de résistance vont-ils demeurer épars et se laisser anéantir l'un après l'autre? ou bien seront-ils enfin solidement amoncelés en un obstacle qui se dressera, inoffensif mais inébranlable, devant la marche de l'envahisseur? Voilà nettement sous quelle forme la guerre transvaalienne intéresse à distance la France, l'Allemagne, la Belgique et aussi la Russie qui est en train de se constituer, d'accord avec Ménélick, un important domaine dans l'Éthiopie équatoriale.

Pour ce qui est de nos intérêts sur place, il y a d'abord la question minière, dont on fait le plus de bruit et qui ne saurait pourtant nous faire perdre de vue toutes les autres. On compte au Transvaal plus de 1,500 millions de capitaux français engagés dans les mines et près de 800 millions de capitaux allemands; c'est assez dire que cette industrie n'est pas uniquement anglaise,—elle ne l'est même pas actuellement pour plus d'un tiers;—mais, ce qui est bien différent, elle est entre les mains de l'Angleterre.

Nous fournissons, avec l'Allemagne, une grosse partie des capitaux, mais c'est Londres qui conduit l'affaire à son profit, et le plus souvent à notre préjudice, et qui inflige à chaque instant aux actionnaires naïfs et patients d'énormes pertes occasionnées par les violentes secousses d'une spéculation politico-financière dont on commence seulement à dévoiler les ténébreux dessous. «Les Anglais, qui se prétendent opprimés par les Boers, oppriment, eux, d'une manière beaucoup plus flagrante et plus persistante leurs associés français. Il serait temps que ce régime d'oppression et d'exploitation finît, qu'on rétablisse la paix au Transvaal, qu'on demande au gouvernement boer, non pas des droits politiques auxquels on n'a aucun titre, mais des ménagements fiscaux et des réformes économiques; que les Anglais enfin fassent cesser cette anomalie de réclamer uniquement pour eux des droits et de refuser aux Français les droits les plus légitimes», écrivait récemment M. Paul Leroy-Beaulieu, qui a suivi dès ses origines, avec une expérience clairvoyante, le conflit transvaalien, dont les éléments avaient été lumineusement étudiés sur place par un de ses jeunes collaborateurs, M. Pierre Leroy-Beaulieu.

Quiconque possède la question comme l'éminent directeur de l'*Économiste français* reconnaît avec lui[4] que l'on aurait indubitablement obtenu gain de cause auprès du gouvernement boer si, au lieu de lui tendre un traquenard politique dans lequel il ne s'est pas laissé choir, on avait sincèrement recherché de nouvelles facilités pour l'industrie minière,—déjà très favorisée, il importe de le proclamer, et dont le régime administratif est grandement envié, détail piquant, par les concessionnaires d'exploitations aurifères dans la Rhodesia et aussi, cela va sans dire, par les infortunés détenteurs de concessions minières dans les colonies françaises.

> **Footnote 4:** (return) Cf. *Autour des mines d'or* (Boers et Anglais), par Edgar Roels,—chez A. Hennuyer.

Voilà la guerre déclarée; qui la paiera? Sir Michael Hicks Beach ne l'a pas dissimulé au Parlement: les 10 millions de livres votés jusqu'à présent seront représentés par des bons du Trésor qu'on repassera en bloc au budget des pays conquis; il faudra aussi récompenser les dévouements et indemniser les victimes, dont la principale est actuellement la Chartered. La mine d'or y pourvoira, et ses actionnaires continentaux qui n'out pas voix au chapitre, n'ayant jamais su obtenir la représentation qui leur était due, se laisseront rouler une fois de plus. *Rule Britannia!* Quant au sort des non-Anglais au Transvaal après la conquête, il nous est dépeint à l'avance dans un ouvrage plein de faits, écrit avec le langage précis de l'homme d'affaires par un commissionnaire français qui a longtemps séjourné dans l'Afrique du Sud, M. Georges Aubert[5]:

Maîtres du pays, les Anglais commençaient par donner le vote à tous les indigènes; comme ceux-ci sont employés dans les mines, on les forçait à voter pour les candidats désignés, qui seraient ainsi les domestiques et exécuteraient tous les ordres donnés par les six ou huit chefs de groupes qui sont directeurs et maîtres de toutes les mines du Transvaal.

> **Footnote 5:** (return) *L'Afrique du Sud*, par Georges Aubert, négociant commissionnaire,—chez Flammarion.

Alors, on prendrait toutes les mesures destinées à favoriser les mines et, les personnes y intéressées. Les mines feraient leurs importations elles-mêmes, comme le fait la De Beers Cy à Kimberley, monopoliseraient tout le commerce pour leur compte, et ruineraient en peu de temps toutes les industries indépendantes. Le meilleur exemple de la situation future du Transvaal livré aux Anglais est donné par Kimberley qui, ville riche et prospère, comptant 30,000 habitants à l'époque des exploitations isolées, a vu ses maisons devenir inutiles, sa population tomber à 15,000 âmes, son commerce diminuer de moitié, dès que la De Beers fut fondée, englobant dans un syndicat tout puissant la presque totalité des mines de diamants de la région.

Nous croyons que nos prévisions se réaliseraient entièrement dès les premiers moments, et à part les dommages et les ruines qui seraient causés aux commerçants européen et français établis au Transvaal, il faut considérer la puissance terrible qui serait donnée aux quelques personnes maîtresses du pays, puissance formidable dans les mains d'hommes sans scrupules.

Passant à l'examen rapide de nos intérêts de voisinage, j'en retiendrai seulement un dont l'importance, dominant toutes les questions de l'Afrique du Sud et même les questions de l'océan Indien, va se répercuter jusqu'en Extrême-Orient: La baie de Delagoa, avec son port de Lourenço-Marquès, offre aux navires de guerre une rade excellente, d'un accès facile et d'une défense aisément assurable: quelques dragages et des travaux de quais,—dont la France, l'Allemagne et l'Angleterre poursuivent la concession auprès du gouvernement portugais, qui voit là, non sans raison, le plus beau fleuron de sa couronne,—aménageraient en peu de temps et à peu de frais (relativement au trafic énorme qui s'y développe avec une progression extraordinaire) l'un des ports du monde les plus importants à la fois par le rôle militaire et par le rendement commercial.

Parmi tous les avantages qui concourent à faire de Delagoa-Bay l'objet de si ardentes compétitions européennes, l'élément le plus précieux est assurément l'extrême richesse en charbon de la région dont Lourenço-Marquès est le débouché, et avec laquelle il est mis depuis quelques années en communication par le chemin de fer Prétoria-Lourenço. Cette ligne, qui constitue la voie de communication la plus rapide[6] entre le Transvaal et la mer, tend visiblement à absorber le meilleur du trafic longtemps réservé à la ligne du Cap, à laquelle celle de Durban, par le Natal, avait déjà ouvert une concurrence, compensée dans une certaine mesure par les rapides progrès du trafic sud-africain.

Footnote 6: (return) Longueur des lignes de Prétoria à Lourenço, 562 kil.; à Durban, 812 kil.; au Cap, 1,674.

Les transports de la ligne de Lourenço-Marquès se chiffrent par un tonnage de 88,276 en 1895, de 159,475 en 1896 et de 189,992 en 1897. La progression est significative.

Plus éloquente encore est celle de la production des mines de charbon du Transvaal: 548,534 tonnes en 1893, — 791,358 en 1894, — 1,133,465 en 1895, — 1,437,297 en 1896 et 1,600,212 en 1897.

La majeure partie de ce charbon est utilisée dans les mines d'or dont l'industrie ne s'est développée que grâce à ce précieux voisinage, mais l'exportation par Lourenço s'accentue de jour en jour grâce à la consommation croissante de la navigation à vapeur, qui, après certaines hésitations, a adopté les houilles de Middleburg et de Lydenbourg, du moins sur l'*Ost Deutsch Africa*, et sur les navires de plusieurs lignes anglaises.

(Nos compagnies françaises, dont l'initiative est plus lente, — on ne le sait que trop! — n'ont pas encore jugé prudent de les imiter, et restent pieusement fidèles aux vieux errements et aux fournisseurs traditionnels.)

La production totale du charbon au Transvaal a été jusqu'à l'année 1897, de 5,510,000 tonnes, représentant, au puits, une valeur de 58 millions de francs. Il n'en faut pas d'avantage pour indiquer quelle sera la valeur de Delagoa-Bay, sur la route des Indes, surtout comme point d'approvisionnement: l'Angleterre a bien d'autres ports de relâche, et elle fait faire d'énormes travaux, en ce moment à Port-Louis-de-Maurice; nous possédons Diego-Suarez, admirable rade de refuge et d'observation. Mais ni à Port-Louis ni à Diego, on ne trouve d'autre charbon que celui qui y est apporté par mer à grands frais et le prix de la tonne du charbon de navigation s'y élève parfois au-dessus de 60 francs, alors qu'il ne dépasse guère 15 shillings à Cardiff. C'est dire quel rôle les houillères transvaaliennes sont appelées à jouer dans cette question, qui touche de si près à l'avenir, à l'existence même de Madagascar.

Le dernier-né, le Benjamin de notre empire colonial, a été tout de suite, de la part du public français, l'objet d'une faveur que ses aînés ont mis longtemps à obtenir. Une certaine désaffection a suivi, occasionnée par le leurre des mines d'or, d'où les capitaux français n'out retiré jusqu'à présent que des déceptions, et aussi par les innombrables difficultés qu'oppose au développement des ressources d'un pays neuf un régime administratif odieux à ceux-là mêmes qui le manient, et qui le manient, il faut le dire, d'une main libérale et souvent habile. Il est néanmoins incontestable qu'une exploitation raisonnée, patiente et délivrée de certaines entraves qu'on verra sauter quelque jour, tirera plus ou moins rapidement, du sol de la grande île, par la culture et par l'élevage, d'énormes richesses, dont le principal avantage est de trouver tout auprès d'elles un débouché insatiable. Madagascar, c'est le grenier de l'Afrique du Sud: bétail, volailles, oeufs, riz, manioc, bois pour les galeries de mines et pour les traverses de chemins de fer, c'est chez nous que le Transvaal aura toutes les raisons de prendre ces produits dont il fait une consommation illimitée et dont la majeure partie lui est fournie jusqu'à présent par les colonies anglaises du Cap et de Natal, ou transitée sur leurs chemins de fer.

Il est improbable que l'Angleterre une fois maîtresse du pays des Boers, encourage cette concurrence et facilite l'introduction des denrées d'un pays avec lequel elle est en guerre de tarifs et auquel elle prétendait, il y a quelques mois encore, imposer un régime économique à son gré comme elle s'efforce vainement de le faire depuis cinq ans au Transvaal.

On m'objectera peut-être que l'Angleterre libre-échangiste ne saurait, même contre nous, fermer des portes, qui out toujours été largement ouvertes par le gouvernement de Prétoria. Parler ainsi serait donner une preuve nouvelle de la force des préjugés inculqués à l'esprit de ses rivaux économiques par la politique anglaise qui prêche partout le libre-échange et qui pratique la protection là où elle y trouve profit: ouvertement dans plusieurs de ses colonies et hypocritement dans la Métropole, où tous les prétextes sont bons pour empêcher l'entrée du bétail étranger. Nos éleveurs le savent bien.

La France a toujours trouvé auprès de l'administration transvaalienne les dispositions les plus favorables à la mise en valeur de sa nouvelle colonie, dont le voisinage était jusqu'à présent envisagé comme une précieuse garantie pour le maintien de l'équilibre sud-africain, et le gouvernement de Prétoria nous a maintes fois manifesté de précieuses dispositions à lier partie avec nous pour des entreprises d'une extrême urgence, tels que certains grands travaux publics, le développement des lignes de navigation rapide et la création d'un câble sous-marin, qui soustrairait au contrôle britannique les communications de l'Europe avec l'Afrique du Sud, notamment avec Madagascar.

C'est d'ailleurs en Angleterre même, dans le monde colonial de l'entourage de Cecil Rhodes, qu'il faut chercher la note exacte sur la corrélation de l'affaire de Delagoa-Bay avec nos grands intérêts malgaches, et je ne puis mieux faire que de citer ce passage d'un ouvrage publié récemment à Londres sous ce titre, *La clef de l'Afrique du Sud*:

Il est de la plus grande importance, pour les intérêts de la Grande-Bretagne, que les Anglais prennent possession de la baie de Delagoa. Ce fait nous intéresse encore plus vivement lorsque nous nous souvenons que l'île voisine de Madagascar est dans les mains de la France et que celle-ci l'a fortifiée et en a fait une forte station navale.

L'activité française a été très remarquable depuis quelques années; et il est facile de comprendre qu'après nous avoir évincés de Madagascar, les Français sont fort désireux de protéger leur colonie et d'obtenir une complète domination sur le canal de Mozambique. Tant que la baie de Delagoa reste possession portugaise, la France n'a rien à craindre, car le Portugal ne pourrait porter préjudice à la France, et, après tout, le fait de l'occupation portugaise indique que les autres puissances n'y possèdent aucun droit.

Toutefois, au moment où des négociations pour la cession de la baie à l'Angleterre seraient ouvertes, la France comprendrait combien sa colonie de Madagascar se trouverait menacée; et, au cas où la cession deviendrait un fait accompli, son grand projet de contrôle complet du canal de Mozambique s'évanouirait comme un rêve. La France, dès lors, fait tous les efforts possibles pour mettre des bâtons dans les roues de l'Angleterre. Son grand objectif était la neutralisation des eaux de la baie, de façon que l'Angleterre n'aurait jamais eu la possibilité d'exercer son droit de préemption dans l'éventualité très probable où le Portugal se déciderait à vendre la baie pour faire face à des difficultés financières.

L'empire, pour se consolider, a souvent besoin d'acquérir quelque territoire ou quelque port. Et cela afin de conserver nos possessions comme un tout, de favoriser notre commerce et aussi de prévenir certaines puissances toujours disposées à troubler l'équilibre international. On ne pourrait trouver un meilleur exemple de cette politique qui cherche à solidariser nos colonies et à fortifier l'empire que dans les efforts continus de la Grande-Bretagne pour s'assurer la possession de Delagoa qui doit couronner notre prépondérance en Afrique.

On le voit, en s'abstenant aujourd'hui de prendre sur ce point des mesures conservatrices, la France s'exposerait pour demain à un conflit des plus graves avec son ennemie de tous les temps, avec celle contre qui elle a dû soutenir à travers tout le siècle dernier, selon l'expression du général Niox, une guerre de cent ans coloniale, dans laquelle nous retomberions fatalement si notre gouvernement ne savait se contraindre, sans retard, à une fermeté, qui est le premier devoir de la prudence: «Il arrive toujours du mal aux éléphants qui ont peur», assure le judicieux pachyderme dont l'impérialiste Rudyard Kipling a fait le héros d'un de ses plus beaux contes de la Jungle.

Nous avons donc quelques motifs de ne pas nous désintéresser de ce qui se passe entre Johannesburg et le canal de Mozambique. Ceux du Portugal, unique possesseur jusqu'à présent de la colonie de ce nom, sont tous aussi clairs et moins indirects. Nous verrons ensuite ceux de l'Allemagne.

Après une audacieuse tentative d'intrusion du côté de l'îlot d'Iniak (Delagoa-Bay), déjouée en 1875 par la sentence arbitrale du maréchal Mac-Mahon et renouvelée en 1889 dans la vallée du Chiré, les Portugais, en présence d'un ultimatum apporté à Lisbonne par une escadre, durent céder à l'Angleterre une énorme étendue de territoire, convoitée par la Chartered pour arrondir la Rhodesia. L'Europe resta chez elle.

Le Portugal était encore une grande puissance africaine; cette *diminutio capitis*, — ce Fachoda plus excusable, — la mit pour longtemps à la merci de l'Angleterre qui depuis lors la persécuta d'un chantage, dont la coupable indifférence de l'Europe finirait par permettre le succès. On sait avec quelle ruse grossière mais efficace, la politique anglaise décourage depuis quelques années les velléités de cette dame Europe chaque fois qu'une de ses grandes filles montre quelque velléité de se porter au secours de la petite soeur: «Ne vous dérangez donc pas, fait l'Angleterre; nous avons eu des mots ensemble, mais nous voilà tout à fait d'accord.» Et la petite soeur, pincée jusqu'au sang et terrorisée, n'ose pas dire que non.

C'est ce qu'on appelle l'accord anglo-portugais; il y a beau temps qu'il se prolonge de la sorte, à travers les démentis officiels que l'indignation nationale arrache de temps en temps à un gouvernement qui n'ignore pas de quel choc serait précipitée la dynastie assez osée pour trafiquer des diamants de la couronne portugaise avec l'ennemi le plus exécré, — à travers les dénégations constantes de tout ce qui dans la presse européenne est en état de s'informer sur ces choses et d'en juger, et d'où il appert que, pas plus en Allemagne qu'en France et qu'en Russie on n'est dupe de cette entente du bourreau avec la victime, trop grossièrement renouvelée de la saynète bien connue du *Décapité par persuasion*. On se refuse à voir le Portugal abandonnant aux mains de l'Angleterre, en échange d'une bonne parole, les pendants d'oreille qui représentent le plus clair de sa fortune..... et la tête à laquelle ils sont pendus. Mais quelle situation horrible est celle de ce gouvernement auquel l'Angleterre dit à chaque instant: «Si vous ne voulez pas faire croire que nous sommes d'accord, je m'en vais vous bombarder, et personne ne lèvera le bout du doigt pour l'empêcher.» Oh! la psychologie de l'opérette qui prétend que les Portugais sont toujours gais!

Gomme le lièvre de la *Cuisinière bourgeoise*, le gouvernement portugais préfère attendre, mais voici que l'Angleterre s'impatiente et si quelqu'un ne proteste pas à haute et intelligible voix contre une cession plus ou moins déguisée de Lourenço-Marques, et contre une violation inqualifiable de la neutralité portugaise, l'accord imaginaire sera subitement devenu une complicité réelle, dont l'Angleterre et le Portugal auront tous deux à rendre compte un jour ou l'autre.

Nous croyons savoir que le groupe diplomatique et colonial de la Chambre, justement ému de la chose, a tenu, il y a quelques mois, une réunion importante dont cette question a fait l'objet. On a dit aussi que des représentations discrètes avaient été formulées à Lisbonne par notre ministre; ces réserves, assurément empreintes de plus de discrétion que de célérité, ont-elles porté leur effet?

Le 21 octobre dernier, M. Balfour, répondant à une question précise, assurait que l'accord proposé au gouvernement portugais pour l'achat de Delagoa-Bay était encore à l'étude; depuis trois ans, la presse officieuse assurait *urbi et orbi* qu'il était conclu. A qui se fier?

III

Le logogriphe anglo-portugais a été scruté avec un intérêt passionné en Allemagne, où le scepticisme des organes du gouvernement et de la Cour sur le compte de la version anglaise, contrastait singulièrement avec la candeur marquée par les journaux dont les sympathies sont réservées au puissant parti de la haute finance internationale, constamment en lutte avec le parti colonial qui grandit de jour en jour dans l'Empire. Mais, s'il est curieux d'observer les impressions que laissent paraître les journaux qui expriment l'opinion publique et ceux qui prétendent la conduire, il est plus intéressant encore et plus concluant de rechercher, dans les faits matériels, les conditions permanentes du grand problème qui se trouve posé entre l'Angleterre et l'Allemagne, depuis que celle-ci a ajouté à la situation prépondérante où l'éleva brusquement sa formidable puissance militaire les avantages d'un développement économique dont la marche foudroyante terrifie, et, je dirais presque, décourage toute concurrence.

Ce fut tout d'abord, en effet, un découragement général et profond qui s'empara de l'Angleterre, le jour où, à la suite d'une infinité de constatations désobligeantes personnellement infligées aux uns et aux autres dans le monde des affaires, la décadence industrielle et commerciale de la Grande-Bretagne fut proclamée dans un ouvrage dont le retentissement a fait tressaillir le colosse sur ses pieds d'argile.

Made in Germany!, jeté comme un cri d'alarme devant le péril allemand qui grandissait d'heure en heure et qui prenait, depuis la dépêche à Krüger, une allure de provocation belliqueuse, ce pamphlet vibrant secouait l'orgueilleuse quiétude du citoyen anglais avec une éloquence dont la *Revue des Deux-Mondes* a recueilli les échos dans un substantiel article d'Arvède Barine:

La suprématie industrielle de la Grande-Bretagne a été longtemps un lieu commun passé en axiome, mais elle est en train de devenir un mythe, disait l'auteur Edwin Williams. La gloire industrielle de l'Angleterre agonise et l'Angleterre n'en sait rien. Car l'Allemagne est entrée dans une lutte à mort contre elle et combat de toutes ses forces pour détruire notre suprématie.» Suivait un tableau plein de verve de la maison anglaise envahie depuis les ustensiles de la cuisine jusqu'aux jouets d'enfants, et depuis le pot de bière jusqu'au tisonnier par des marques allemandes; «l'opéra lui-même que vous entendez est un opéra fait en Allemagne, exécuté ici par des chanteurs, des musiciens et un chef d'orchestre faits en Allemagne, avec des instruments et sur des partitions venant d'Allemagne.»

Cette invasion était signalée, comme s'étendant jusqu'aux colonies anglaises, qui ne servaient plus qu'à fournir des débouchés à l'Allemagne [7].

Footnote 7: (return)

Le *North American Review*: contient dans son dernier numéro un article plein de chiffres et de documents, intitulé le *Déclin du commerce anglais* dont la conclusion est que l'Angleterre perd rapidement sa situation prédominante et sera bientôt reléguée au troisième rang des nations commerciales, les États-Unis prenant le premier et l'Allemagne le second; c'est un Américain qui parle.

Cette publication montre une fois de plus qu'on ne se fait pas illusion sur la décadence anglaise, qu'une de ses causes est la concurrence américaine et que cette rivalité se traduit de l'autre côté de l'Océan par des marques d'antipathie indéniables.

Les lamentations de M. Edwin Williams étaient périodiquement reprises en manière de refrain par le choeur des consuls au *Board of Trade* et furent corroborées par le rapport à la *Royal Commission on technical Education*, qui concluait en ces termes:

«Il n'y a pas place en Europe pour deux reines du commerce et de l'industrie, il faut que l'une des deux abdique ou périsse. L'Allemagne compte bien que ce ne sera pas elle et toutes ses forces sont tendues vers l'étranglement de l'autre. Tout ce qu'elle fait en faveur de son industrie est dirigé contre la rivalité de l'Angleterre.» On allait jusqu'à dénoncer l'espionnage commercial de Berlin entretenant des commis dans les offices de Londres et dans les usines du Royaume-Uni. Et toutes ces doléances, toutes ces imputations étaient reprises avec éclat par lord Roseberry dans un discours à Epsom: «Depuis la défaite de l'Autriche, l'Allemagne n'a pas cessé de se préparer silencieusement à deux grandes guerres. Elle en a terminé une, celle pour la consolidation de son territoire. L'autre, qu'elle est en train de faire, c'est la guerre industrielle».

Un an plus tard, c'était lord Salisbury accusant amèrement «le péril d'une certaine expansion envahissante et continue dont l'Europe est menacée par une de ses races, armée de tous les moyens que la civilisation peut mettre au service de son ambition démesurée»; c'était le coup de théâtre du traité de commerce brutalement dénoncé, et c'était Cecil Rhodes disant devant la commission d'enquête:

«J'ai été fortement influencé par la conviction que la politique du gouvernement transvaalien actuel avait pour but d'introduire l'influence d'une autre puissance étrangère (l'Allemagne) dans le système déjà compliqué des États sud-africains, et risquait de rendre plus difficile encore à l'avenir l'établissement d'une union étroite entre eux.»

En ce temps-là, de fréquents incidents mettaient aux prises, sur divers points du globe, des Anglais et des Allemands; le hasard d'un voyage autour de l'Afrique m'en rendit deux fois le témoin. Ce fut d'abord à Zanzibar, quand, après le bombardement par l'amiral Rawson, le Sultan usurpateur alla chercher refuge au consulat germanique où il était attendu avec une visible impatience. Il y arriva, poursuivi de près par un détachement de fusiliers marins de l'escadre anglaise, qui, baïonnette au canon, cernèrent le bâtiment; le cordon d'investissement fut relevé le soir par des troupes fraîches, et le service de garde fut maintenu trois semaines durant, jusqu'au jour où une grande marée amena au consulat, situé sur le littoral, une embarcation du navire de guerre allemand qui, sous le regard indigné des marins anglais, prit livraison de l'auguste réfugié et le transporta sain et sauf à Dar-es-Salam.

Quelques mois plus tard, à Lourenço-Marquès, une populace, notoirement soudoyée par des agents anglais, se ruait sans motifs sur le consul allemand, le comte Pfeif, de passage à la gare, et le poursuivait jusqu'à ses bureaux, dont les vitres furent brisées. Le consul, dont les revendications étaient appuyées par la présence d'un croiseur, exigea et obtint une éclatante réparation. La semaine suivante, des matelots de l'escadre anglaise cherchèrent querelle à des Français et à des Allemands écoutant la musique au square, et une rixe générale s'ensuivit. Bagatelles sans doute, mais représentatives d'un état d'esprit qui était alors universel dans le domaine colonial, où Français et Allemands se trouvaient quelquefois rapprochés, contre toute attente, par l'hostilité britannique.

L'anglophobie allemande s'est-elle évanouie depuis lors, comme par enchantement? Quelques diplomates de l'asphalte s'évertuent à démontrer qu'il n'en subsiste rien, ou à peu près, sinon dans l'esprit public, du moins dans l'esprit du prince. Il convient d'ajouter que ces nouvellistes ne s'embarrassent pas de la précision d'une information ni de la logique d'un raisonnement; leurs révélations émanent en ligne directe de ce don intuitif qui est la grâce d'état de quelques somnambules extra-lucides et de certains diplomates extra-carrière.

Si l'on se soustrait à leur attraction magnétique pour examiner les faits et pour en tirer la lumière, on est conduit à une série d'observations d'où se dégage nettement une conclusion tout à fait différente de l'oracle rendu par ces sondeurs de pensées souveraines.

Ces considérations, qui me paraissent s'imposer à un examen attentif, j'en vais noter quelques-unes en toute simplicité.

—Les positions respectives de l'Angleterre et de l'Allemagne dans la grande lutte économique pour la vie n'ont été notoirement jusqu'ici l'objet d'aucune modification qui annonce la conciliation des intérêts[8].

> **Footnote 8:** (return) Quelque peine que se donne l'Angleterre pour nous en faire accroire, et quelle que soit, la coquetterie avec laquelle ou s'y prête à Berlin pour nous piquer au jeu, qui donc oserait soutenir que la face des choses soit bouleversée par la bataille de Samoa et qu'il faille voir une entente internationale dans la liquidation eu solde de quelques menues affaires, avec lesquelles il importait à tout le monde d'en finir à raison du trouble disproportionné qu'elles apportaient dans l'examen des graves problèmes que le moment est venu d'aborder.

—Les coups de canons tirés sur un petit peuple que l'Allemagne avait ostensiblement pris sous sa protection, et les airs de bravade affectés par l'Angleterre vis-à-vis de quiconque interviendrait, ne sont assurément pas faits pour opérer le rapprochement des coeurs.

—Les explosions de joie par lesquelles est accueilli du public et de la presse allemande chaque nouvel échec de la rivale d'hier, montrent qu'en dehors de l'empereur, personne, dans ce pays, ne juge nécessaire ou simplement convenable de voiler l'expression de ces sentiments peu amicaux.

Ce souverain, en qui s'incarne la formule intégrale du génie allemand, a-t-il apparence d'aventurer une politique personnelle contre le voeu de ses peuples?

La réponse à cette interrogation se lit dans le discours de Hambourg et dans le prodigieux effort par lequel l'empereur est en train de demander au renouvellement du septennat maritime une extension des forces navales proportionnée aux exigences d'une politique coloniale qu'il considère comme l'instrument indispensable des intérêts commerciaux de son pays.

Dans ce sens la Société coloniale allemande fait une propagande incessante, et son activité trouve un accueil de plus en plus favorable. «Le peuple allemand commence à en reconnaître l'importance pour l'existence économique de l'empire, dit le *Deutsch Asiatische*

Warte; il se pourrait que l'Allemagne se trouvât bientôt en conflit avec une grande puissance navale et se vît obligée de combattre pour sa situation internationale. Partout nous voyons surgir la nécessité de donner une protection plus rigoureuse à nos intérêts d'outre-mer dont l'extension devient de plus en plus grande.»

Faut-il voir là une marque de bienveillance et de confiance de la part de l'Allemagne vis-à-vis de l'Angleterre? On en douterait, si un botaniste de la valeur de M. de Lanessan n'affirmait le contraire par son insistance à pointer vers la Triplice les canons de nos cuirassés et les torpilles de nos sous-marins sous l'étrange prétexte «qu'il n'y a rien à faire» contre l'Angleterre... pas même de se mettre en état de défense.

Ce sentiment nous avait déjà coûté le Canada; voici, en effet, ce que M. de Choiseul écrivait à l'infortuné Montcalm:

> «Je suis bien fâché d'avoir à vous mander que vous ne devez pas espérer des troupes de renfort; comme le roi ne pourrait jamais vous envoyer des secours proportionnés aux forces que les Anglais sont en état de vous opposer, les efforts que l'on ferait ici n'auraient d'autre effet que d'exciter le ministère de Londres à en faire de plus considérables pour conserver sa supériorité qu'il s'est acquise dans cette partie du monde.»

Une doctrine aussi funeste nous a valu le désastre moral de Fachoda; on avait préparé la guerre navale contre toutes les nations du monde,—y compris la Suisse,—mais à l'exception de l'Angleterre, notre seule rivale maritime! Elle a naturellement profité de ce que nous lui tournions le dos pour nous traiter comme on sait.

—Chaque colonie allemande est considérée par la Métropole comme un organe essentiel dont la disparition ou l'amoindrissement serait ressenti de tout l'organisme [9].

Footnote 9: (return) Il y a quelques années, la Société coloniale allemande, association qui a pris depuis quelques années une puissance avec laquelle il faut compter, remettait au Chancelier de l'Empire une mémoire où on lisait que l'influence allemande dans le Sud-Ouest africain était une condition *sine qua non* de l'équilibre colonial de l'Empire. «Il est de l'intérêt de l'Allemagne, disait-on, de soutenir les États sud-africains dans leur lutte avec l'Angleterre et de libérer de toute entrave la baie de Delagoa.»

Comment admettre que le chef d'État qui suit passionnément jusque dans le moindre détail toutes ces questions maritimes et coloniales ignore l'intérêt vital qui s'attache à Delagoa-Bay ou se laisse amadouer sur ce point par les menues privautés qu'on fait mine de lui accorder du côté de l'Angola, ou du Damaraland ou du Mozambique même, fût-ce sur le Pacifique?

—On ne doit pas oublier que c'est lui qui, en 1894, a violemment interposé, sur le passage de la voie ferrée que M. Cecil Rhodes prétendait établir du Caire au Cap dans une game anglaise, un coupe-circuit qui, pour longtemps empêchera les trains de passer. Cette question fut réglée, à Bruxelles, d'accord avec la France, qui devait quelque temps après joindre ses forces à celles de l'Allemagne par l'intermédiaire de la Russie pour faire obstacle aux prétentions anglaises en Chine[10].

Footnote 10: (return)

M. Cecil Rhodes s'est rendu, cette année, à Berlin pour obtenir de Guillaume II les garanties nécessaires à l'établissement de son chemin de fer dans la traversée de l'Est africain. Tout en lui donnant le droit de poser un fil télégraphique, sous le contrôle de l'Administration allemande et sans abandon territorial, l'empereur a refusé à M. Cecil Rhodes le droit d'établir chez lui une voie ferrée anglaise.

Un journal satirique de Londres a illustré cet échec dans une caricature montrant le Napoléon du Cap revenant d'Allemagne avec une grosse caisse, dont la peau est crevée d'un trou énorme.

—Qui a fait cela? dit John Bull.

—Guillaume II, mais, en compensation, il m'a offert sa photographie.

C'était vrai.

—Comment ne pas reconnaître dans tous ces faits la réalisation d'un plan d'ensemble, solidement échafaudé, et suivi avec une ténacité que n'arrête aucune traverse et que ne décourage aucun retard?

On nous a étrangement trompés s'il ne faut plus voir en Guillaume II l'homme au vaste et ferme dessein que ses portraitistes, ses historiographes et ses actes importants nous montrent depuis qu'il est sur le trône, mais un névropathe inquiet, ballotté d'un extrême à l'autre de la politique par les impressions du moment et se jetant tantôt contre l'Angleterre et tantôt dans ses bras, suivant l'humeur dont l'affecte au réveil la faveur obtenue par un télégramme galamment tourné ou la froideur que l'on marque, à le voir figurer en 1900 entre Ménélick et Ranavalo.

Par sa complexion personnelle autant que par sa situation souveraine, le Kaiser, exempt du souci qui impose à tant d'autres l'obligation de surveiller sous leurs pas un terrain mal assuré, porte son regard au loin. A qui donc ferait-on croire que la sagace Angleterre escompte véritablement la possibilité de lui donner le change comme à ces animaux de courte vue dont on leurre la fureur avec un oripeau rouge, ou comme à ces personnes dont on obscurcit la clairvoyance avec un petit cadeau? Pour parler un argot qui s'applique à merveille aux tractations d'une certaine politique, ce n'est pas avec des «bouche-l'oeil» comme Samoa, qu'on empêchera l'Allemagne de voir clair dans ses intérêts.

L'instinct vital de la solidarité est trop puissant dans ce pays pour laisser prise à une tactique qui s'efforce visiblement d'isoler chacun des partenaires européens dans la satisfaction momentanée d'un appétit au préjudice du bien durable de la collectivité.

Un des hommes qui out joué le rôle le plus actif dans le monde colonial germanique, tant par de brillantes explorations que par d'importantes missions politiques, M. Eugène Wolff dont le nom est lié aux affaires de Chine comme à celles d'Afrique et qui fut admis à suivre, auprès du général Duchesne, notre expédition de Madagascar, faisait récemment à un rédacteur du *Journal des Débats* des déclarations significatives sur l'urgence de fortifier les intérêts de la communauté européenne contre le péril anglais:

L'incident de Fachoda devrait être une leçon pour nous tous. Le fait d'un continent européen tiraillé en sens divers devant la ténacité vigoureuse et les armements maritimes d'un pays ou le soleil ne se couche jamais, paraît assez évident pour que beaucoup d'esprits conciliants chez nous espèrent qu'il n'échappera pas à la clairvoyance du peuple français.

Une entente sérieuse, la franche poignée de mains donnée entre les puissances continentales peut seule garantir un partage égal et juste en Asie et en Afrique. Un continent uni est le seul obstacle qui brisera la témérité des Anglais: c'est ce qu'il nous faut, car c'est la paix à tout jamais.

La paix! La paix en Europe! Tel est le voeu de plus en plus nettement formulé par les peuples comme par les souverains.

«Je suis bien décidé à maintenir la paix... mon amour pour l'armée allemande ne m'induira jamais en cette tentation d'enlever à mon pays les bienfaits de la paix... Je souhaiterais seulement que la paix européenne fût entre nos mains.»

Ainsi parlait Guillaume II en 1895, et son langage, ni son affirmation ne paraissent avoir changé depuis l'époque où il disait à Jules Simon: «Je crois qu'à celui qui oserait troubler la paix de l'Europe une leçon serait donnée qu'il n'oublierait de cent ans!» Qui la trouble, sinon l'Angleterre, avec ses provocations incessantes et inadmissibles? Et comment la protéger, sinon en appelant tout le monde au rempart?

Encore faut-il un rempart. Le moment est venu de le construire; depuis longtemps on en parle, mais c'est à qui n'apportera point la première pierre ou le premier sac de terre.

«Diverses occasions se sont présentées où il eut suffi, assure M. Wolff, d'une indication nette de la part de la France pour que l'Allemagne s'arrangeât avec elle *en matières extra-européennes;* et la Russie et l'Autriche, peut-être même l'Italie, n'auraient pas refusé d'entrer dans un arrangement de ce genre.»

On a, d'autre part, affirmé que des «invites» avaient été faites à diverses reprises auprès de notre gouvernement. Ces allégations nous out valu un pittoresque défilé d'anciens ministres et d'anciens ambassadeurs se décernant à eux-mêmes le certificat de n'avoir rien fait. C'est le maximum de résultat auquel puisse prétendre aujourd'hui l'activité des hommes de mérite.

A l'encontre de ce politicien, plus recommandable par l'esprit que par le caractère, qui disait: «On m'a tout offert, j'ai tout accepté; on ne m'a rien donné!» notre diplomatie allègue triomphalement qu'on ne lui a rien proposé. Peut-être serait-il plus exact de déclarer qu'à l'austère devoir pieusement fidèle comme l'honnête femme du sonnet d'Arvers, elle n'a pas entendu:

Le murmure d'amour élevé sur ses pas.

Mais qui pourrait lui reprocher d'avoir fait la sourde oreille aux galanteries trop empressées de l'ennemi dont l'éloigne pour long-temps le souvenir odieux qu'un seul mot peut effacer!... Et ce mot on ne le dit pas. Eh bien! qu'on reste chez soi, — et si l'on a quelque chose à nous communiquer dans l'intérêt des affaires qui nous sont communes, il est de convenance élémentaire qu'on charge de la commission une tierce personne avec laquelle nous soyons en confiance.

M. Wolff intervertit singulièrement les rôles quand il nous dit que la Russie suivra... C'est à elle à marcher devant; c'est elle qui doit être l'initiatrice, l'intermédiaire et peut-être même la gérante du syndicat des intérêts européens; c'est avec elle seule que nous pouvons traiter et sa prévenance doit s'exercer à nous éviter tout froissement avec des cointéressés dont le contact sera pour nous insupportable tant qu'ils n'auront pas effacé les griefs que nous maintenons. En attendant, réglons les affaires urgentes et veillons au plus pressé.

Les à-quoi-bonnistes, à qui toute apparence est prétexte pour s'abstenir d'une action quelconque, proclament que le voyage de Guillaume II marque son assentiment à la politique africaine de l'Angleterre, et que l'Europe n'a plus qu'à s'incliner. Pauvre Europe, ce qu'on lui en raconte! Voilà un souverain dont toutes les forces, depuis qu'il règne, s'exercent dans le sens d'une lutte formidable avec l'Angleterre, et il suffit qu'il aille porter à l'aïeule des trois quarts des princes européens l'hommage de son respect pour qu'on nous représente comme un tribut de vassalité cette manifestation de piété filiale, imposée par les convenances les plus élémentaires.

Pour grands que soient les rois, ils out des obligations de famille comme les autres hommes, et l'histoire moderne nous montre à chaque page ces obligations sacrifiées aux devoirs primordiaux de l'État, car ce n'est pas seulement dans les pièces de Sardou que Napoléon Ier est, par alliance, le petit-neveu de Louis XVI.

D'ailleurs, aucun sentiment de bienséance n'interdit à l'empereur d'exprimer respectueusement à la reine Victoria la ferme volonté dont l'Europe est animée pour le maintien d'un équilibre africain, qui est la condition nécessaire de la tranquillité universelle. Guillaume est mieux situé que personne auprès de celle dont l'ambition suprême paraissait être d'obtenir de la postérité le titre d'Impératrice de la Paix, pour lui exposer comme quoi, si le continent noir venait à tomber sous la domination britannique, la France,— lamentablement déçue du grand rêve africain qui l'exalte et la réconforte depuis vingt ans,—ramènerait en Europe une combativité exaspérée et redoutable; comme quoi la Russie, engagée avec elle dans une solidarité qui se fortifie de jour en jour, considérerait sans doute comme un devoir d'appuyer vigoureusement, du côté de l'Afghanistan, l'effort désespéré que la France, réduite à ses possessions d'Extrême-Orient, et y concentrant tous ses effectifs coloniaux, tenterait nécessairement du côté de la Birmanie, en même temps qu'elle exercerait au sud de l'empire chinois une action conjuguée avec celle que sa puissante alliée accentuerait du côté de la Sibérie; comme quoi la perspective d'un pareil état de choses présenterait, dans l'univers entier, des inconvénients assez graves pour déterminer les nations européennes à ne pas le laisser se produire, et comme quoi leur sentiment à peu près unanime est exprimé par ces lignes des *Novosti*, de Saint-Pétersbourg, disant que, «même sans conclure entre elles aucune alliance, l'Allemagne et la France peuvent exercer une puissante influence sur l'établissement dans le sud de l'Afrique d'une paix solide et durable».

L'Impératrice des Indes, qui sait de quel prix se paierait le titre d'Impératrice d'Afrique et qui n'ignore pas que sur un geste on verrait les trois cent mille afrikanders du Cap et du Natal se soulever pour une guerre sainte, la puissante armée de Ménélik se former sur le Haut-Nil et les admirables troupes coloniales, dont notre ministre des colonies n'a pas encore complètement dépouillé le Soudan, prendre possession en quelques jours (cela ne fait pas l'ombre d'un doute) — des colonies de Sierra-Leone, de la Côte d'Or et du Lagos, — l'Impératrice Victoria sera peut-être touchée par la pieuse démarche de ce puissant souverain, son petit-fils, venant en paladin de la Paix l'adjurer d'épargner au monde un cataclysme sans précédent et auquel ne survivrait pas l'Angleterre!

La race anglaise couvre une grande partie de la surface terrestre, mais certaines fautes de la mère patrie suffiraient pour qu'il en fût d'elle comme de la race espagnole dans l'Amérique du Sud. «Les colonies sont comme les fruits qui ne tiennent à l'arbre que jusqu'à leur maturité!» disait Turgot quelques années avant la guerre des États-Unis.

L'histoire va-t-elle montrer une fois de plus la résistance obstinée d'un petit peuple énergique faisant buter sur le versant de la décadence le char d'un envahisseur dont les faciles conquêtes abusaient l'univers?

Est-ce la loi d'une inéluctable fatalité, qui ne permet pas à l'Empire britannique de s'arrêter au point où il est parvenu? «Si nous étions justes un seul jour, c'en serait fait de nous!» s'écriait Pitt avec une franchise dont on ne retrouve la trace que chez M. Cecil Rhodes.

L'Angleterre d'aujourd'hui sera juste et pacifique, ou bien elle trouvera devant elle les peuples unis pour la défense de la civilisation qu'elle outrage et qu'elle menace.

Déjà nous voyons, chez nous, l'unanime horreur de son forfait réunir dans un mouvement de protestation des frères qu'on pouvait croire séparés pour longtemps. Un commun sentiment d'indignation et de conservation va-t-il rapprocher ainsi des éléments européens qui semblaient inconciliables à tout jamais, et verra-t-on les événements de demain préparer un dénouement honorable au tragique conflit qui pèse sur l'Europe depuis près de trente ans?

Puisse-t-il être vrai, le mot de l'homme d'État qui entrevoyait dans les mystérieuses contrées sud-africaines la solution de nos problèmes européens!

62